幻冬舎
コミックス

シリーズ あたりまえのぜひたく。Ⅱ

―そして、あたりまえのぜひたく。―

目次

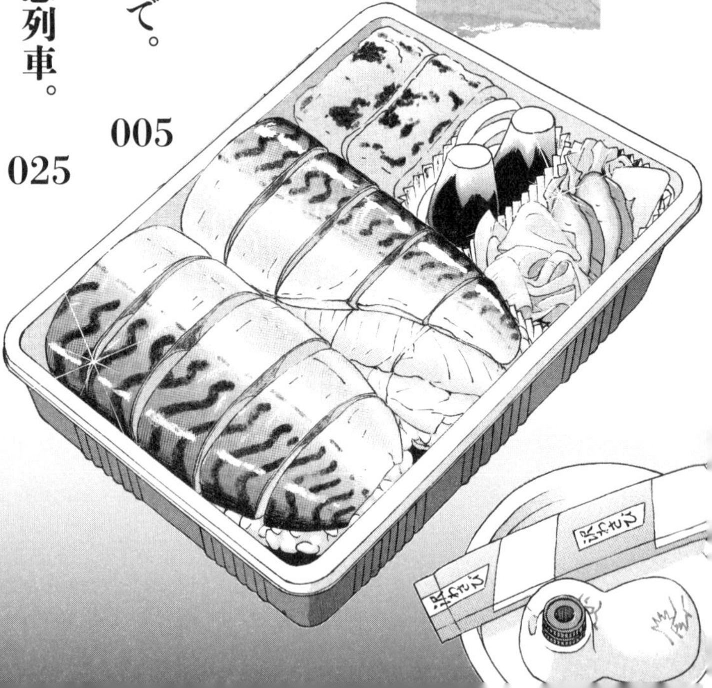

◎カバーイラスト・デザイン
きくち正太
◎装丁
西野直樹デザインスタジオ
◎担当編集
高松千比己（幻冬舎コミックス）

心尽くし貝尽くしは ぬきで。

第八十六話

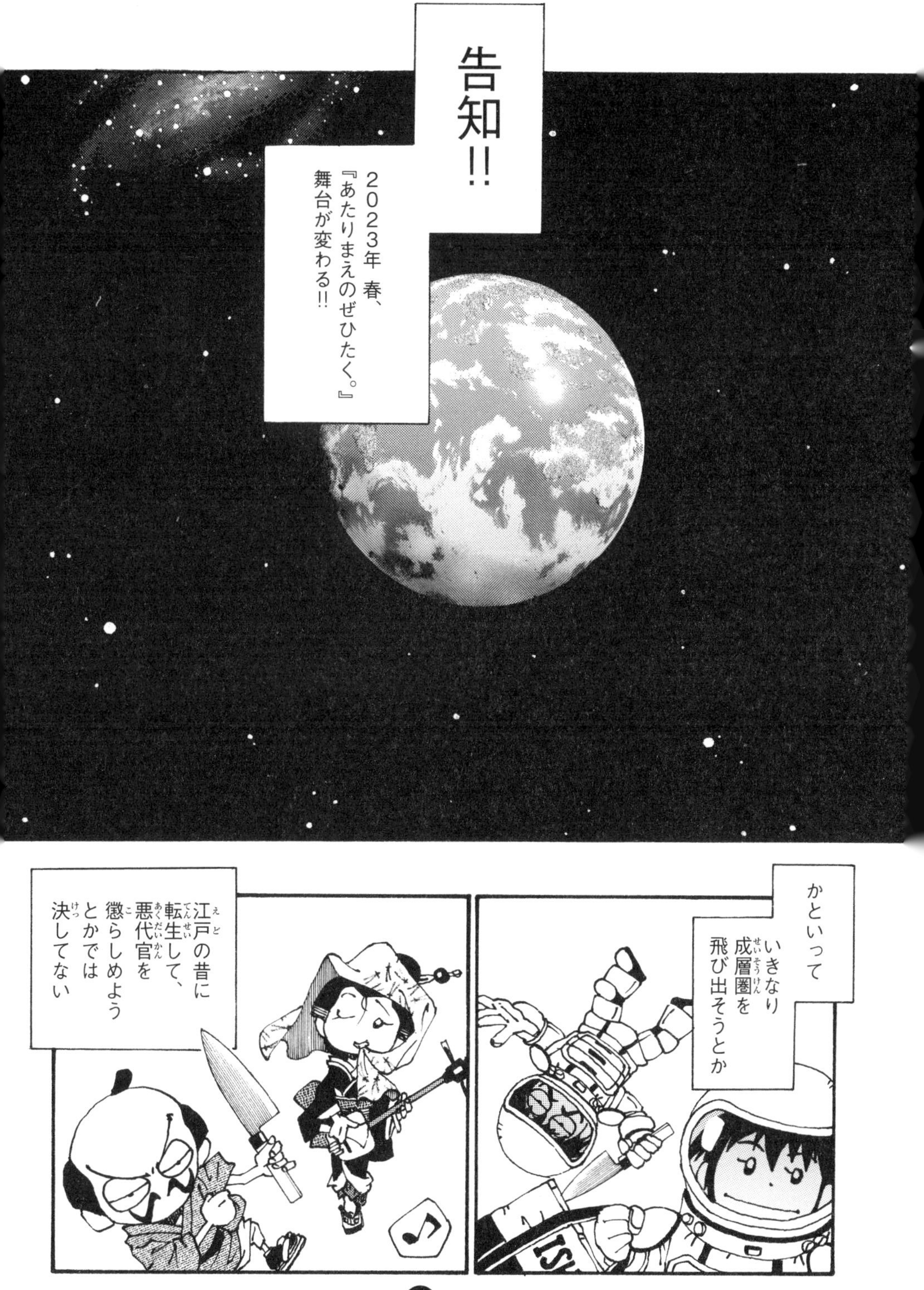
告知!!
2023年 春、
『あたりまえのぜひたく。』
舞台が変わる!!
かといって
いきなり
成層圏《せいそうけん》を
飛び出そうとか
江戸《えど》の昔に
転生《てんせい》して、
悪代官《あくだいかん》を
懲《こ》らしめよう
とかでは
決《けっ》してない
ISS

実は今まで、このマンガの作画・資料は、仕事上の利便さから仕事場《しごとば》の台所としていた
もちろん実際にそこで料理も何品かは拵《こさ》えていたが——
しかし昨今《さっこん》、世間の働き方の変貌《へんぼう》とともに
徹夜《てつや》作業もほとんど無くなり、スタッフに女子も加わったため、仕事場の生活感も一変
現役女子
キック
このマンガもあれよあれよと単行本を9冊目　発刊
連載開始から年数にして10年目に突入なのである
あたりまえのぜひたく。
きくち正太
今宵の酒宴はコイツで決まり——
これを機《き》に作画・資料の舞台も大移動!!
——といっても、もともとが2世帯の中古住宅なので歩いて十数歩《じゅうすうほ》なのだが……
きくち家《け》母屋《おもや》の台所をマンガの主戦場とすることにした
ただそれだけのことではあるのだが、なぜ最初からそうしなかったの!?などと思われる読者諸兄諸姉《しょけいしょし》も多かろう
ガスコンロがとてもシンプル

それには、それなりの事情、忖度《そんたく》というものがあって
10年前
台所というのは女《おんな》の城《しろ》(古《ふる》!!)おかあさんのナワバリなのだ
読者に台所見られるなんて恥ずかしくて絶対いやーー!!
しかし、月日《つきひ》というのはまさにゆく川の流れのごとく
10年後
人というのは変わってゆくもので、実際 見られるわけではないのだが
見たい!? どーぞどーぞ、いくらでも
ゴチャゴチャ!? それが生活でしょーに、本買ってねー
――なので、『あたりまえのぜひたく。』もアップデート
より赤裸々《せきらら》に我《わ》が家《や》の台所事情をお伝えしていくことを約束する
おサイフ事情ではない!!
ホー
初《はつ》ウグイスですよ、おかあさん
庭の梅も満開ですからねぇ
ホケキョ

ひなまつりも近いしね、貝合《かいあ》わせの蛤《はまぐり》
ホッキに赤貝《あかがい》、アオヤギ、二枚貝《にまいがい》 食いたくなってきた
それで味噌汁も海藻、ワカメ、メカブ、あおさ
生海苔《なまのり》ー♡
ホーホケキョ
買い物出かけますか、おかあさん
そうしましょう、おとうさん
次のあたりまえのネタもそれで
貝で どんな料理にします!?
モノがよけりゃあ刺身!! なんだけど
大東京総合卸売センター
炊き込みごはんがいいな、春らしく
だったら生海苔の味噌汁ね
二枚貝——!?
広島県産 カキ
今日はアサリにシジミにカキ

ホッキにアオヤギも入ったんだけど少なくて モノが
売り切れ
生海苔もゴメン!!
二枚貝じゃないけどこの黒《くろ》バイ貝はどうなのかしら!?
1,000円 黒ばい貝
味はいいけど白《しろ》バイ貝と違ってめっちゃ硬《かた》い
やめましょう
弱点は歯
参ったな、カキは冬だし、アサリにシジミじゃぁ春の季節感弱すぎだし
市場《いちば》の買い物でこんな収穫ゼロって珍しいわよね
これも赤裸々!?
しょうがない、途中下車
国分寺《こくぶんじ》の駅ビル スーパーとデパ地下に賭《か》けよう
ホッキ貝にアオヤギ
ホタテは炊き込みごはんの出汁《だし》用《よう》
少々高かったけど生海苔2パック
青のり
生食用
野菜も欲しいから菜《な》の花《はな》に芹《せり》——♡

鮮度、値段は市場に比べるとやや不満も残るが
マンガのネタも揃ったしで
今日の賭けは勝った!!!
わああああ
ぱちぱちぱちぱち
ええええっ!?
なんだどうしたね、おかあさん
♪
念のため前の本パラパラ確認してみたら——
ウグイスから始まって——二枚貝じゃないけどタケノコと白バイ貝の炊き込みごはん……!!?
生海苔の味噌汁なんて、そのまんま……
やあああ
参ったな——おかあさん、描いてたのすっかり忘れてたよ——
ほままま
歳《とし》よ歳、しょうがないわ歳よ——♡
おほほほ
ばんばん
赤裸々な事実……

以前なら ここで 完全パニック、マンガのネタ どうしよう、何にしよう
責任の なすり合いで 夫婦ゲンカ 必至《ひっし》
むくり
こんな時に 試されるのが 本気の料理の 実力よね
見せましょう、着物の おネエちゃんと 食い物 描いて ウン十《じゅう》年の 料理力!!
おかあさん、好きな 料理は
揚げ物!!
春なら 天ぷら
天ぷらで 貝といったら
小柱《こばしら》の かき揚げ、大好物♡
小柱って アオヤギ だっけ!?
この量じゃあ とても足りない わよね
別に貝柱《かいばしら》以外の 部位が入っても 構わんだろう
それに 他の貝だって
ホッキにホタテ、熱を通すと 甘くなるし
決まり!!
本日のメインは 二枚貝あれこれ 寄《よ》せ揚《あ》げ
食べたことない——!! でも美味《おい》しそォー♡
食べ方も ちょいと大人《おとな》に
げふ げふ
あっ
なんか やな予感

さて
"春"二枚貝の寄せ揚げ――さっそく参りましょう!!
まずはホッキ貝にアオヤギを
じゃあああああ
タワシで汚れを落とします
アオヤギから貝ムキで殻《から》をこじ開けて、貝柱を切って
ひっくり返して殻を外して
殻に沿って貝柱を切って
殻から取り出して
身と貝ヒモを切り分けて
身を切り開く
こいつが出てくるが無害なので気にしない

黒いワタの部分だとか、ヒモにくっついてる薄皮みたいなやつも
造りだったらきれいに掃除もするが、今回は揚げ物なので
大きさを揃えてぶつ切り
だんだんだん
ホッキ貝にホタテも大きさを揃えて、同様に
アオヤギ、ホッキ、ホタテ
貝は、この3種類
芹は茎《くき》の部分を2㎝くらいに切って天ダネ用
後ろ、熱いの通ります、熱いの通ります
はいはいおっとと っと
葉っぱは粗《あら》みじんに切って薬味用
ざあ
菜の花ゆがき終わり——

巻《ま》き簾《す》で巻いて、軽く絞《しぼ》って
軽くだって
ぎゅう
バットに広げて、醤油を振りかけて、下味《したあじ》をつけましょう
水気をしっかり切らないのは!?
しっかり切ると味付けになっちゃう
あくまで下味だから菜の花に水気を持たせて
ムラなく薄く味が付くように少々おく
そしたら醤油に辛子《からし》を溶きます
お次は下味を付けた菜の花の
汁気《しるけ》をここでしっかり切りまして
食べやすい大きさに切り揃えて
ざくざく
大きめのボウルに辛子醤油を少しずつ加えながら、ざっくり和《あ》えて
菜の花 辛子和え、一品完成

そしたら次は昆布と厚削り鰹節で出汁をひきます
味噌汁!?
生海苔は以前しっかりやってたわよ!?
味噌汁は無し、ごはんものじゃないからね
これは寄せ揚げの天つゆ用
では、生海苔はどうします!? 2パック
青のり
もともと冷凍品だから、ページも足りないし冷凍しとこう
あとで磯辺《いそべ》揚《あ》げか佃煮《つくだに》か
それも楽しみね♡
んじゃあ
ここからはおかあさん
はいです♡
ぺち
アオヤギにホッキ、ホタテのぶつ切り、芹の茎
小麦粉に氷水《こおりみず》を用意して
小麦粉

片手の中華鍋に油を火にかけます
油の温度は170℃
貝3種類に芹を1回に揚げる分を取り分けて
小麦粉をパラパラパラ
まんべんなくかき混ぜたところに
氷水と小麦粉1対1でざっくり溶いた衣《ころも》を
天ダネに加えまして
スプーンで好きな大きさで油に——
じゅううう
まず3枚分
じゅおおお
ひと呼吸おいたところで箸《はし》で突っついて中まで油を通します
じゅううう

こちらはめんつゆを昆布と鰹の出汁で割って、天つゆを拵《こさ》えて熱々にしておきます
おとうさん、天ぷらが揚がります、お皿はどうします!?
準備できてますよ
お皿じゃなくて丼《どんぶり》だけど
じゅうううう
どんぶり!? 寄せ揚げ貝の天ぷらですよ!?
食べていただく客の好みに合わせてな

純米吟醸
純米吟醸
まんさくの花
ぬきぃー!!!

成人男子はぬきだろう
げふげふ
下《しも》ネター!!?
堪《たま》んないスよねー日も高いうちから蕎麦《そば》屋《や》の天《てん》ぬきでやる一杯――
その ぬきね、よかった――
ほっ
うちのは特別貝尽《づ》くしのぬきですよ、お客さん――
げふげふ
あなたが言うと下ネタにしか聞こえないんだけど
んんん
このトロトロ感
揚げ油、出汁、醤油の混然一体《こんぜんいったい》となった江戸前《えどまえ》の香り――!!
ふぅふぅ
あ
つる

ああああぁ
しみじみ美味《うま》ァ!!!
味の濃さ、旨味の強さ
めっちゃ深いっスね!!
ホント、海の滋養《じよう》っていうのかしら、貝の持ってる塩味が底味《そこあじ》となってそこに出汁が絡《から》んで
味の間延《まの》び感、まったく無し、美味っしー♡
それに、貝柱に貝ひもに、足とか舌っていうの!?
いろんな部位が混ざってて、歯応《はごた》えも うんと楽しいしー
貝の寄せ揚げ!? めっちゃぜひたくなかき揚げっスよね
こんなの他所《よそ》で食ったことないスもん、しかも、ぬきでー

ぬきはぬきでも二枚貝だぞ
バカ貝でも喰《く》らえ!!
ぱかっ
そして合《あ》いの手《て》に菜の花の辛子和え
まぁ♡
鼻にツンと抜ける春の香り
醤油と辛子だけ、和食の究極かも
もう
誰がなんと言おうと
ホォォオ
ホケキョ…

●『心尽くし、貝尽くしは、ぬきで。』終●

春!!鯖棒寿司
めおと妄想列車。
第八十七話

富士《ふじ》の裾野《すその》をゆく
身延線《みのぶせん》 各駅停車
一杯《いっぱい》気分《きぶん》で眺める
春の車窓は また
格別である
それじゃあ、原稿いただいてまいります
ありがとうございました――!!
よろしくお願いしま――す♡
おおっととと

おつかれさまあ
かあん
んくんくくんく
くあぁあああ
春だねえ、おかあさんや
春ですねえ、おとうさん
こんな時になんなんですが
次の締切《しめきり》っていつでしたっけ
こんな時になんなんですが、来週いっぱいですよ
遠出《とおで》の花見なんか提案しようと思ったんですが
例えば!?
ぐびぐび
福井《ふくい》えちぜん鉄道で勝山《かつやま》
ムリに決まってるじゃないの——!!
たたん
たたん

去年、ふらり出かけた田子《たご》の浦港《うらこう》からの身延線がよかったよなーー それも無理かーー
漁協食堂《ぎょきょうしょくどう》の生《なま》しらすごはん、味も雰囲気もとってもよかったわーー それも無理ねー
こうなったらおかあさん、今日はもう遅い、明日は花見弁当《はなみべんとう》拵《こさ》えて 婦夫《ふうふ》妄想《もうそう》阿呆列車《あほうれっしゃ》だーー!!!
朝の歯医者忘れないでよ、おとうさん
ホオオ
ホヶキョ
ちちち
ちゅん

今朝《けさ》は歯医者で市場に行けなかったので、わざわざ荻窪駅地下《おぎくぼえきちか》まで出かけました
少々 高くはつきましたがおかげで長崎《ながさき》産のとても良い鯖《さば》が入手できました
花見すなわち行楽《こうらく》弁当、今回はちょっとぜひたくに鯖の酢締《すじ》めで
棒寿司《ぼうずし》!!!
好きなやつです――♡
早速《さっそく》まいりましょう
まずはお酢をひと瓶《びん》、鍋に出汁昆布《だしこんぶ》と一緒に火にかけます
純米酢
沸《わ》いたら火を止め、冷まします
ひと瓶いっちゃいますか?
酢締めに酢飯《すめし》、お酢をケチらないのが美味《おい》しく仕上げるコツです
鯖をおろします
まずは包丁で表面のぬめりをこそげ取りまして

胸ビレ、腹ビレ、カマと一緒に頭を落としまして
眉間《みけん》に包丁を入れて2つに割って
頭は味噌汁の出汁
カマはみりん干しに（拵《こさ》え方《かた》は後ほど）楽しみながら無駄なく使い切りましょう
肛門《こうもん》まで腹を切り開いて、内臓をかき出して
いやあああ
歯ブラシで腹の中をきれいに掃除します
ペーパータオルで水気をしっかりふき取ります
鯖は血合《ちあい》が多いので、ここをしっかりです!!
そしたら腹から!!背骨まで包丁を入れます
向きを変えて背から!!背骨まで包丁を入れます
尾のつけ根に包丁を刺し入れ
刃先を180度回転させて

左手で尾を押さえて、包丁を背骨の上に滑らせ、半身《はんみ》を切り離しまして
ウラ返して次は背から背骨まで包丁を入れます
次は腹から同様に
腹、背、背、腹の順番が魚をおろす時の基本です
尾のつけ根から頭に向かって包丁を背骨の上に滑らせて
尾のつけ根をちょん切って
ぴっ
最後に腹骨、トロの部分を切り取ります
以上で鯖の三枚おろし、完成です
腹骨のトロの部分
ここはごちそうです!!
今回はカマ同様、こちらもみりん干しで

拵《こさ》え方にいたっては簡単です、濃口《こいくち》醤油と味醂《みりん》1対1に漬けて干すだけ
漬け時間は5分で充分です
漬け過ぎは禁物よね
頭に背骨は軽く塩をして、みりん干しと一緒に一昼夜《いっちゅうや》
大根の味噌汁の出汁とかにサイコーですよ
そしたらたっぷりの塩を敷いたバットに鯖を並べて
上からもたっぷり塩
塩
そのたっぷりが主婦にはハードルが高いのよね
でも、そこがコツなんだよな
塩ではなく、砂糖で鯖を締めるという料理人もいます
やってみましたがどこか甘味が残り、締鯖《しめさば》のキレが今ひとつでした
別に砂糖が塩より安いわけでもないので私は塩で締めます
同感でした
砂糖
バットを斜めに
30分間放置します
30分 経ちましたら、塩を洗い流します

ペーパータオルで丁寧に水気をふいて
輪切りにしたレモンを敷いた密閉容器に皮目《かわめ》を下にして並べ
昆布と一緒に煮切った酢をひたひたに——
あとは そのまま冷蔵庫で3時間程、お刺身や握り寿司でしたら30分程なのですが、なにぶんお弁当です
しっかり酢締めしたほうが安心ですし、味も そのほうが行楽弁当です!!
そしたら次はシャリ、寿司飯の仕度です
棒寿司2本、お米2合分の寿司酢
煮切ったお酢、大さじ2杯半、砂糖 大さじ大盛り1、塩 小さじ大盛り1を合わせて
砂糖
しゃもじ伝《づた》いにごはんにふりかけて
ごはんを切るように飯台《はんだい》全体に広げて

うちわで風を当てるとツヤが出るのよ
ほらほらおとうさん、ほらほら
はい
ぱた
ぱた
ぱた
ぱた
飯台の中央にごはんを集めて
固く絞《しぼ》った濡《ぬ》れ布巾《ぶきん》をかぶせて
完了!!
冷蔵庫から鯖を取り出します
身の白さが締まり具合の目安です
ペーパータオルで酢をしっかりとふき取って
骨抜き用のピンセットで
血合骨《ちあいぼね》を身をくずさないよう、丁寧《ていねい》に外していきます
ぴっ
ぴっ
抜いた骨を指にはさんでいくのがプロっぽいわね
形から入っていくタイプ昔、知り合いの寿司屋の大将がやってた
ぴ
ぴっ
頭のほうから薄皮を剥《む》いて

完了!!
鯖の酢締め
きれえええ
群青色《ぐんじょういろ》がぴかぴかに輝いて
どやああああ
寿司飯と巻く前にひと手間
ウラっ返して身の厚いところを切り離して
巻《ま》き簾《す》の上に濡れ布巾
その上に鯖を並べて、尻尾《しっぽ》の細い部分を今、切り取った身で補うわけです
へえええ
そうなんだ、初めて知った――!!
どやああ
寿司飯を少々こねる感じで鯖の上に棒状にのっけていきます
半身にごはん一合《いちごう》で棒寿司1本分です
にぎ
にぎ
にぎ
布巾がシワにならないよう伸ばしつつ、形を整えて
最後に巻き簾で両端を押さえつつ、少々 力を入れて形を決めます
ぎゅう
ぎゅう

完成!!
これまた
きれえ～♡
あとは
ごはんと鯖が
なじむよう、
ラップして
少々
ねかせて
おかあ
さん
行楽弁当
セットね、
まかせてちょー
したのかばやき
お弁当箱に
掛《か》け紙《がみ》♡
袋《ふくろ》山葵《わさび》に
醤油入れは
崎陽軒《きょうけん》♡
ビールは
缶ビール
ですか
当然!!
酒は
ワンカップ
たたん
たたたん
たたん

旅はビールです!!
たたん
いいですねー 車窓から見る桜の景色も
ビールも美味《うま》いしな
桜の向こうの残雪《ざんせつ》はアルプス!?
空気も眺めもサイコーですよ、おとうさん
こうなったら――
たたん
お弁当にしましょう、おとうさん♡
サイコーです、おかあさん

たたん
鯖の棒寿司弁当て高級品だよなァ
京都《きょうと》あたりじゃ買えませんよ、高くて
オープン♡

むに
汽車《きしゃ》だから山葵と醤油、一緒にしちゃいましょう
袋山葵に醤油にお手ふきは旅の必需品だよな
缶ビールは言うに及ばず
手でいっちゃっていいかな
汽車だし
ずっしり重いわ
幸せな持《も》ち重《おも》りだわ♡

くあああああ
サイコォーー!!
きつめの締鯖と甘めのごはんがビールにとてもよく合います——♡
汽車で揺られて食べる鯖寿司ってススムよなー—
たたん
買うと高級品だものねー—
福井県の小浜《おばま》、鯖街道《さばかいどう》の起点で千円とちょっとだったよな、めちゃめちゃ美味かったし
おいでやす鯖街道
ほんで、それよりちょい昔、鯖街道の中継点で有名な熊川宿《くまがわじゅく》で買って食べたことがあって
千と六百円、すこし甘めだったな、やっぱり美味しくて
私、そこには行ってません
熊川宿
それが鯖街道の終点、京都の出町柳《でまちやなぎ》だとびっくりのウン千円、美味しくなきゃおかしいよな
まるでタクシー料金
今はいろんなところの鯖を使うんだろうけど
出町商店街
桝形
値段はともかく旅で美味しい物を食べるのは刺激になりますね
おかげで美味しい自家製 棒寿司が食べられます、玉子焼き いただきー—
ぱくぱく
ぐびぐび

●『春!! 鯖棒寿司、めおと妄想列車。』終●

きくち家のジャガバタァは煮物。

第八十八話

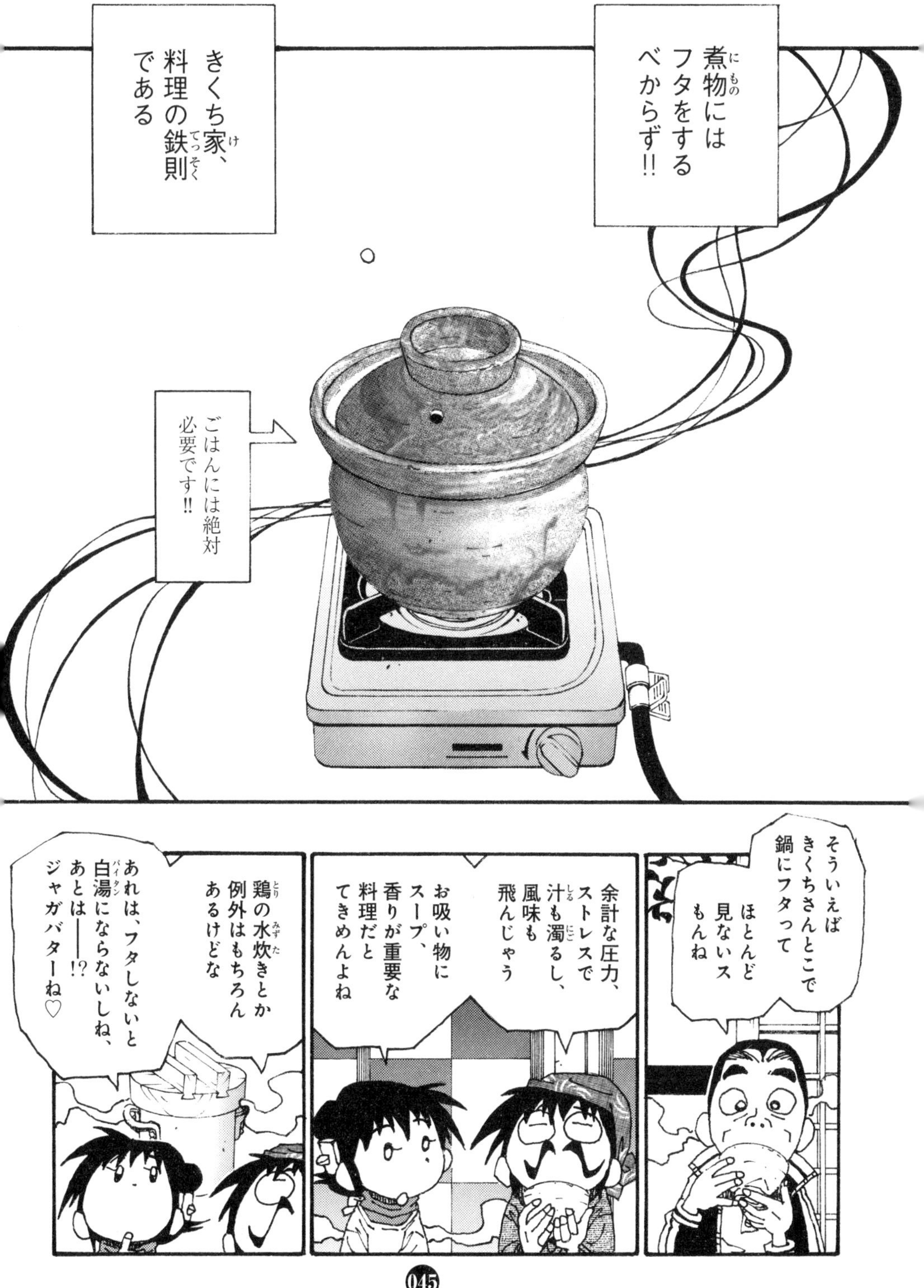
煮物《にもの》にはフタをするべからず!!
きくち家《け》、料理の鉄則《てっそく》である
ごはんには絶対必要です!!
そういえばきくちさんとこで鍋にフタってほとんど見ないスもんね
余計な圧力、ストレスで汁《しる》も濁《にご》るし、風味も飛んじゃう
お吸い物にスープ、香りが重要な料理だとてきめんよね
鶏《とり》の水炊《みずた》きとか例外はもちろんあるけどな
あれは、フタしないと白湯《パイタン》にならないしね、あとは――!? ジャガバターね♡

ジャガバターで鍋にフタ!?
言ってる意味が分かんないっス
うちのジャガバターは煮物なのよ
ますます分かんないっス
今回の料理決まりましたよ、おとうさん♡
鍋ひとつで拵《こさ》える、きくち家 新じゃがジャガバター
材料は、こちら♡
新じゃが、ウインナー、バター、どれも好きなだけ
〈付け合わせ〉アスパラ、スナップエンドウ、好きなだけ
醤油、塩、コショウはお好みで
塩
旬《しゅん》の新じゃがは皮を剥《む》かずにそのまま料理しちゃいますので
水洗いはしっかりと

ウインナーは好きな大きさで
新じゃがとウインナーを鍋に放り込んで
バター!!
フタ!!
火にかけて、最初は強火から
そしたら野菜
アスパラは根元の硬いところを切り落として、ピーラーで皮を剥く
3、4㎝にカット
続いてスナップエンドウの筋《すじ》を剥きます
包丁でヘタの真《ま》ん中《なか》に切れ目を入れまして

そうすると、特に細いほうの筋がすっきり剥きやすくなります
鍋底が焼けつく音がしてきたら
フタをしっかり押さえて、鍋を上下にあおって
火を中弱火に
焦《こ》げつかないようさっきの要領で時々鍋をあおって
新じゃがが柔らかく煮えるまで30分くらいかしら
本当に鍋で煮るんだ
なんとバターで!!?
ぴぴぴ
30分経《た》ちました、鍋の具合はどうかな!?
芋《いも》の煮えるいい音——♡

はいっ!!
よく煮えてますよ――
ぷす
な、なんか世間一般のジャガバターとはずいぶん様相《ようそう》が違うような
彩《いろど》りにアスパラ
スナップエンドウ
フタして2分
完成!!!
えっ?!
えええええ～?!!
か、完成って味付けは? 醤油、塩、コショウ、何も使ってないっスよ!?
塩
それは手許《てもと》で、お好みで
ジャガバターって、そうでしょ!?
カ、カンタンすぎやしませんか!?
料理なんてそんなもんよ

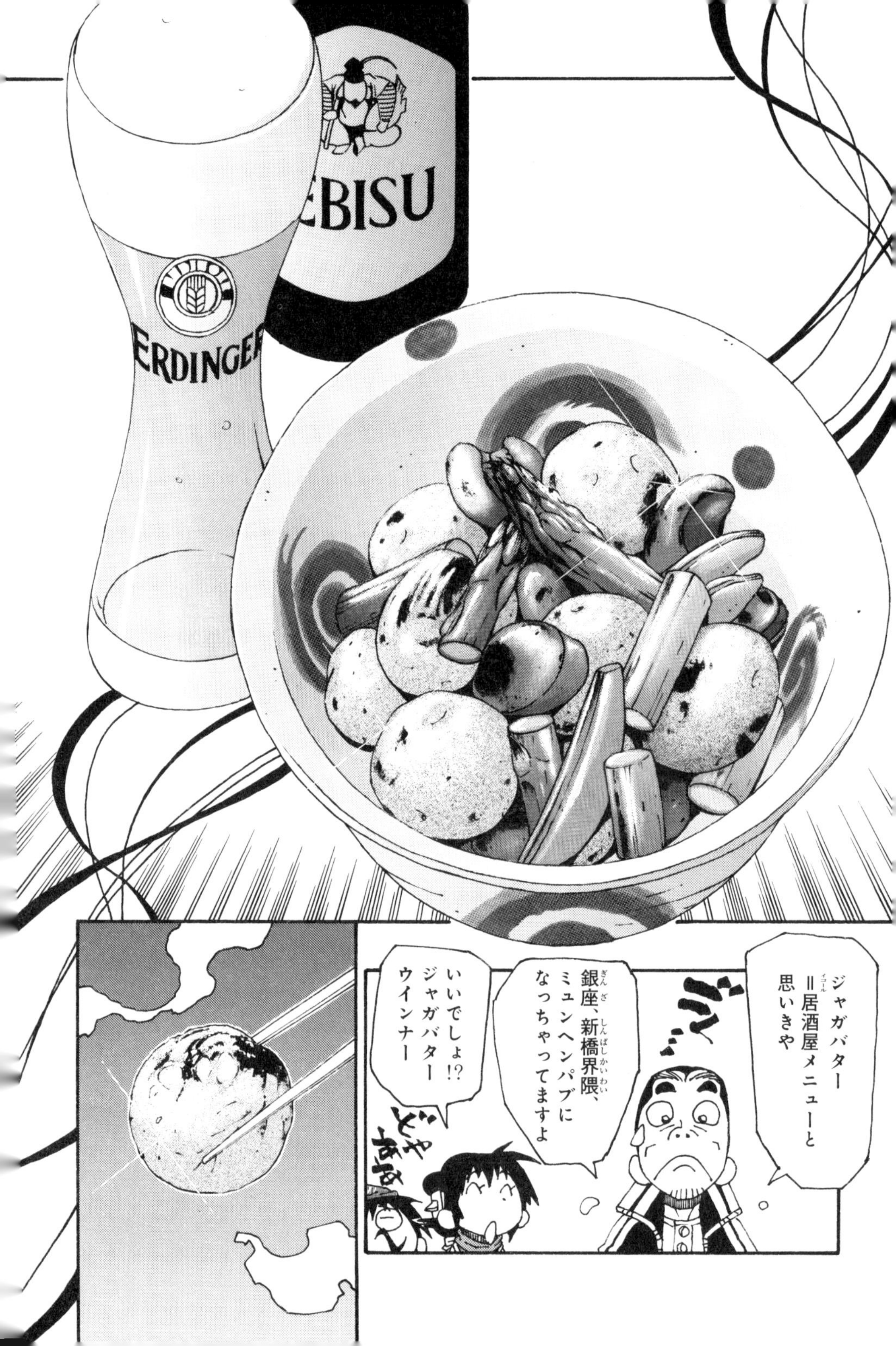
EBISU
ERDINGER
ジャガバター=《イコール》居酒屋《いざかや》メニューと思いきや
ゴゴ
銀座《ぎんざ》、新橋界隈《しんばしかいわい》、ミュンヘンパブになっちゃってますよ
いいでしょ!? ジャガバターウインナー
どやぁぁ

堪《たま》んないっスね、バターとジャガイモの焦げついた匂いい!!
くんくん
どれ、味は?
バターが芋の芯までぎゅっと染みてーー!!
ほっくほくのめちゃめちゃコクありでーー!!
それをウインナーと交互に食べると──

はい、出ました
百《ひゃく》点《てん》！
こ、これはすごいっスね!!! 本当に調味料ナシ、バターの塩味、ウインナーのフレーバーだけで全然いけちゃいますね!!!
その分、料理もめちゃくちゃカンタンだしーー!!
これ……こんなジャガバター、どこでネタ仕入れたんス!? それともオリジナル!?
オリジナルだったらカッコいいんだけどね
ウン十年前《じゅうねんまえ》かな、地方ニュースで北海道《ほっかいどう》の酪農家《らくのうか》のおかあさんがやってたんだよ
その番組だと本当にジャガイモとバターのみ
どおん!!
すごいんだ、酪農家のバターの量!! 鍋からはみ出るくらい!!

一般家庭でそこまでのバターを使う度胸がなァ
高級品だもの、バターは
それで考えた、バターを減らす代《か》わりに、何か他の物で風味をプラスできんかと
ウインナー以外にもハムやベーコン、どれも美味《おい》しいわよね
居酒屋でもありますもんね
ジャガバターに塩辛《しおから》とかのちょい足《た》し
そうそう、うちのジャガバターにちょい足しはいらんけど
私はやっぱりこれ♡
こうして
ちょん
こうして
こうして
さくっ

●『きくち家のジャガバタァは煮物。』終●

第八十九話

照る日酷暑も なんのその 冷し茶漬究極!!

いくらなんでも
暑すぎる!!!
地球温暖化など
フェイクだ
それならば
それに越した
ことはない
のだが……

東京《とうきょう》が暑いのはまだしょうがないとしても──
扇風機《せんぷうき》ひとり一台のきくち家《け》
コンクリート、アスファルト、エアコンの室外機《しつがいき》
熱源《ねつげん》だらけだもんなァ、都会は
ゴオオ
ゴオオ
新潟《にいがた》長岡《ながおか》、秋田《あきた》横手《よこて》は38℃
猛烈《もうれつ》な暑さが予想され
省《しょう》エネしつつ、エアコンをしっかりと使用し
くれぐれも自分の命を守る行動を
いいわよねー TV局はエアコンガンガンで──
省エネ、温暖化を語るなら、まず
背広《せびろ》、ネクタイ、暑苦しいカッコやめてからだよな
続いてのニュース
信じられる!? おとうさん、また横手が38℃って
ゴオオオ
ていうことは大曲《おおまがり》もだよな
それも1日とかじゃなくて、連日
田舎《いなか》でそれって異常──よね

我々の青春期、秋田でお盆《ぼん》も過ぎれば季節は完全 秋
8月の最終土曜日、大曲の花火の時期なんて炬燵《こたつ》にストーブなんて年もあったわ
一般家庭でエアコンなんて見たこともなかったけど
今じゃ年寄りには必需品だもんな、田舎でも
にしても、38℃は異常——よね
食べ物にしてもお盆過ぎると実家の裏山じゃキノコだぞ
ナラタケとかホウキタケとか
桃《もも》にスイカが終わって、洋梨《ようなし》にぶどう
ちゃんと季節感あったわよね
もう9月だっていうのに
秋田にしろ、東京にしろ、おかしいよなァ季節感
本来ならこのマンガでも季節感先取《さきど》りでホッカホカの炊き込みごはんに七輪《しちりん》で焼きたてのサンマとか
やめてー——!! 残暑《ざんしょ》に酷暑《こくしょ》、その料理、調理は罰ゲームよ!!

マンガでやるなら さらりと暑気払《しょきばら》いに なるような食べ物
できるだけ 火は使わないで
ゴオオオ
かといって 手抜きじゃ 絶対ダメ!!
ごちそう感は しっかり 欲しいよな
ゴオオオオオ
さらりと お茶は?
いいわね
ゴオオオ
氷使って
熱波退散《ねっぱたいさん》!! 冷し茶漬《ひやちゃづけ》!!
賛成♡
マゴチ ¥1200
イワシ皿 ¥398
暑気払いに ぴったりの魚
マゴチ!? グロテスクーー!!
これが夏の魚 なんです!?

マゴチは照《て》りゴチと言って夏の炎天下《えんてんか》の時期が旬《しゅん》
同じ夏が旬のスズキ以上の高級魚
冷し茶漬にはぴったりの魚なのだ
マゴチじゃなかったら!?
スズキはもちろん、イサキにホウボウ、マダイ――脂《あぶら》にクセがない白身魚がいいかな
青魚《あおざかな》でも飛魚《とびうお》だったらオススメ
マゴチ1本ください
まいど、卸《おろ》しますか
そのままで
うちはおとうさんが魚やりたがりの人だからいいけど
お店で3枚に卸してもらって構いません
むしろマゴチなんてそのほうがいいかも、もちろんお刺身用冊《さく》のパックでも全然オッケー――
はぅう
んまぁっ
こちらが本日茶漬 一煎目《いっせんめ》のマゴチ
きれいな白身、フグみたい――♡

二煎目《にせんめ》はおかあさんの好みで
そうねえ、暑気払いだったら
伊賀《いが》のお知り合いからたくさんいただいた秋茗荷《あきみょうが》
胡瓜《きゅうり》の糀塩《こうじしお》浅漬けに
自家製5年物梅干《うめぼし》♡
いいねえ♡
まさに暑気払い
それでは
まずはお茶!!
なんといってもこれが一番の主役!!
本日は芳《こう》ばしさ、味のキレ重視、静岡《しずおか》のやぶきた茶
グラム1000円、仕入れ先は私の実家
どっさり!!
茶葉は多めというより
お茶漬ふたりで二杯ずつで大さじ4杯くらい
土瓶《どびん》に投入して

冷茶《れいちゃ》を美味しく煎れるポイントは、ここ
水は注《そそ》がず、土瓶にはたっぷりの氷だけ!!
あとはフタをして氷が自然に溶けるのを待ちます
かぱっ
これくらいの低温で煎《い》れると茶葉のきつい苦味、渋味はほとんど気になりません
冷し茶漬用には、特に思い切って茶葉《ふんぱつ》の量は奮発しましょう
次はフタ付き容器に淡口《うすくち》醤油
マゴチの冊を漬け込みます
うすくち
漬け込むタレは淡口醤油のみ!!
それを冷蔵庫で20分から30分
次は糀塩で浅漬けの胡瓜
生《なま》でも別に構いません、小口《こぐち》に薄切り
たんたんたん
生でしたら軽く塩して
固く絞った濡《ぬ》れ布巾《ぶきん》で
水気を

ボウルにあけて、梅酢《うめず》大さじ1弱
軽く和《あ》えて、そのままなじませます
茗荷はタテに半分
すとん
V《ブイ》字に根元を切り取って
千切《せんぎ》りにしたら——
たん
たんたんたん
氷水にさらして、アクを抜きます
梅干は種を外して、包丁で叩いて
たたん
たたたん
クエン酸《さん》、塩分補給もこれでよし♡
あら!?
何やら芳《こう》ばしい匂いが
くんくん

ファイヤ——!!?
しゅごおおお
いやあああ
今回、炊飯器《すいはんき》以外火って全然使わないから
そのままでもいいんだろうけど、絶対美味《うま》いと思ってマゴチの炙《あぶ》り醤油
しゅごぉぉぉ
この暑い中バーナー!!?
暑気払いは食べること!!食欲は熱波に
勝つ!!!
しゅごぉぉ
醤油のコゲたいい匂い——♡
すごい
だろぉ〜〜?!
あとは、即《そく》——
そぎ切りにして——

お皿に盛りつけ、ラップをかけて
はさむ
冷蔵庫
炊きあがりから1時間、食べごろを見計《みはか》らって
お次はごはん
たっぷりの氷水で
ごはんを洗っちゃいます
ごはんの粘りが取れて芯まで冷えたら、しっかり水気を切って、生山葵《なまわさび》はおとうさん
今、終わる
茗荷の水は切ってある
器《うつわ》はおかあさん
夏茶碗《なつぢゃわん》、冷凍庫
土瓶に氷は
追加しました——♡

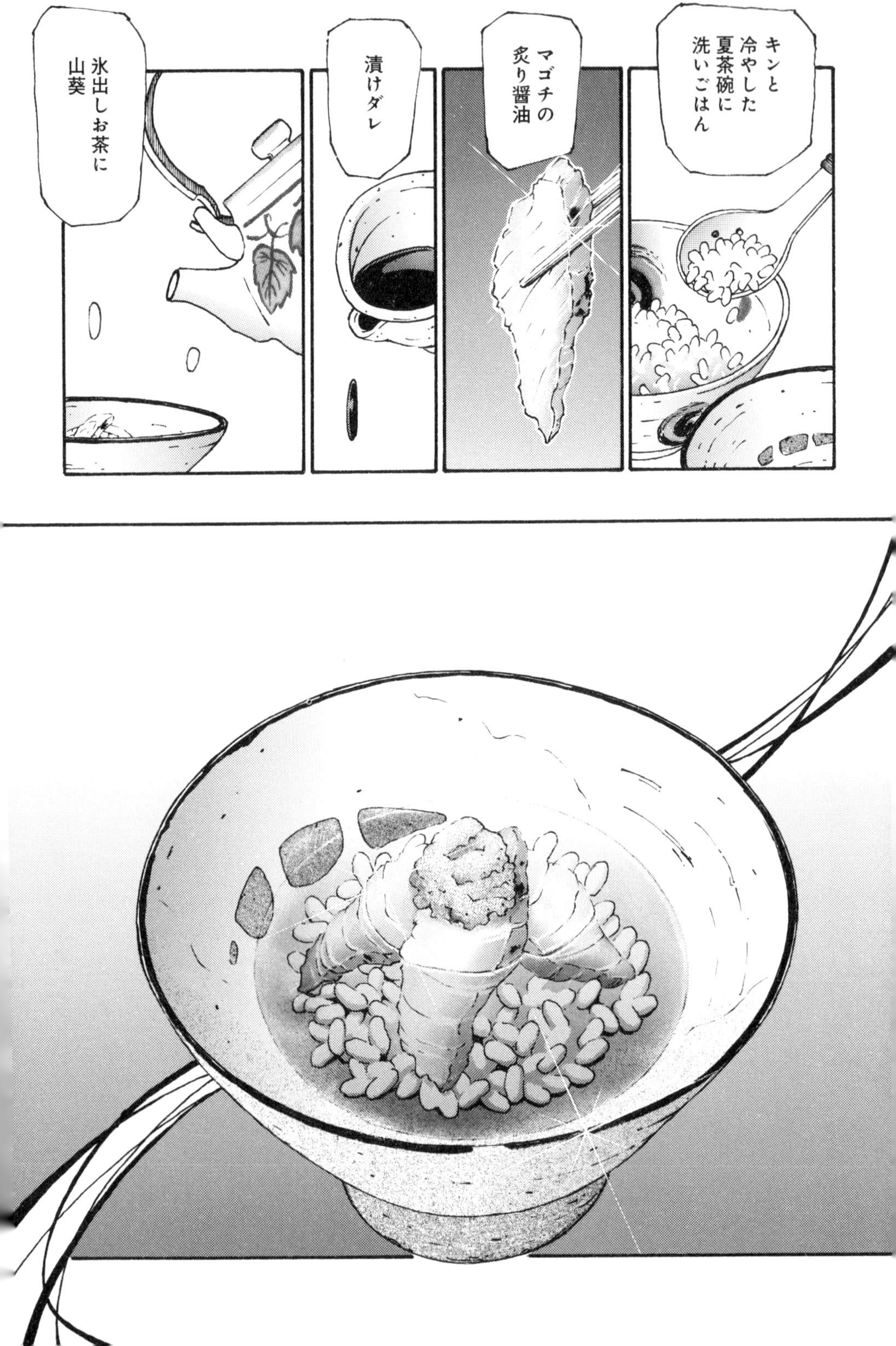
キンと冷やした夏茶碗に洗いごはん
マゴチの炙り醤油
漬けダレ
氷出しお茶に山葵

美味《おい》しー!!!
どうしましょ、おとうさん!!
めちゃめちゃ美味《うめ》ぇ〜!!!
どうもこうもおかあさん!!!

お醤油のコゲた芳《こう》ばしさとコチの上品な甘さ
氷 直接の煎茶の冴《さ》えた渋味、透《す》きとおった苦味
その清冽《せいれつ》さを倍増する生山葵の香りに辛味
食べることの罪悪感なんてゼロ!!!
器がまたいいのよね、平たい夏茶碗が開放的で涼しげで
さらさら
さらさら
夏茶碗というのは茶事《ちゃじ》で夏場に使われる平《ひら》たい形の茶碗でありまして
うちではたまたま、幻冬舎《げんとうしゃ》の元担当さんからいくつか譲り受けまして、普段使いからここぞという時の料理まで、広く重宝《ちょうほう》しております
残暑の蒸《む》しく、うっとうしさも消し飛びます!!
あっという間に
完食
二煎目いかなくちゃ

梅酢、胡瓜
梅肉のたたき
茗荷千切り
氷出しの煎茶
はやく早く
具材だけでもう罪悪感どころか
デトックス
長寿《ちょうじゅ》の国の料理よね
これで酒飲まなきゃなァ
はっやく
ところで高松《たかまつ》君は!?おかあさん
靭帯《じんたい》痛めてリモートですって
大谷《おおたに》か
足よ、足、階段で転んだんですって
前も松葉杖《まつばづえ》ってあったよなァ
治ったら食べてもらうか——

●『照る日、酷暑もなんのその 冷し茶漬、究極!!』終●

第九十話

お月見はマイブームから。

月見
バーガー
McDonald's
♪
9月29日
十五夜
2袋
屋本店
JR

ハンバーガー屋さん、和菓子屋さん、パン屋さん、みんなお月見《つきみ》商品
ついこないだまで残暑がものすごかったのにな
ベーカリー＆カフェ
秋の実りフェア
お月見
お月見パン
お月見生チョコ
月見といえばお団子に秋の農作物 里芋《さといも》、栗《くり》、豆《まめ》
あら、今はお団子はともかく世間は卵
お月見といったら目玉焼きにゆで玉子じゃない!?
卵といえばおかあさん、最近マイブームあるよな
現在6ケほど冷蔵庫で仕込み中
どうですか、たまには月見でも
賛成♡

だったら魚屋さん寄って白身魚ね
ほう!?
卵の白身と合わせるの
ほう
里芋に枝豆《えだまめ》も欲しいわね、あとはお花屋さん
ススキか
でしょ♡
あ♡
ばむ
とってもいいカンジですよ
冷凍庫で一度凍らせてから冷蔵庫で解凍ですか
最初に軽く水洗いしてからね
卵って冷凍すると必ずひびが入るのよね
それを常温で急いで解凍すると白身《しろみ》が流れ出しちゃうのね
冷蔵庫でゆっくり解凍すると、それが少なくて済むの

それを白身と黄身《きみ》に分けて
はぁあ?!!
なんだ、どうした!?
なんとおとうさん
双子《ふたご》!!!
なんだか嬉しー♡
双子の卵は良いことが起こる前兆と言いますからねー
6ケの予定が1ケ増えて7ケよ!!?
得したー!!!
そっちかー

あとは黄身6ケ分の予定が7ケ分を容器に入れて
しょうゆ
黄身が顔を出すくらいの醤油
——ということで、おかあさんのマイブームは
卵黄の醤油漬け♡
卵を凍らせる一番の理由はここ!!
黄身の形が丸っこいまんまなのです
へえええ
凍らせるという手間を省《はぶ》いて生《なま》のまんま漬けちゃうと黄身が広がって
だらぁあ
凍らせるひと手間を発見した人は偉いわ——!!
そしたらフタをして冷蔵庫
3時間もすれば味が付きます
ネットなんかのレシピだと漬けダレが醤油に味醂《みりん》とかめんつゆだったりするんだけど
うちはきりりと醤油だけ!!
卵黄ってそれだけで旨味は充分!!余計な出汁《だし》は要りません!!
めんつゆ
料理酒
みりん

余った白身はどうするんだね
しょうゆ
そこよ!!
卵黄の醤油漬けは手順さえ分かれば誰でもできるわ
じゃあ、残った白身は!?どう料理するの!?
今回のテーマはそこよ!!
——で、何を拵《こさ》えるのだ!?
魚買ったでしょ?
ホウボウな、でっかいやつ
白身魚よね
それに卵の白身、白身と白身を合わせて
お月見といったら
今回はやる気がすごいな、おかあさん
そう♡
お団子!!
はいよ
ホウボウの3枚卸《おろ》し、骨はしっかり抜いてあります
タイにスズキ、ヒラメにタラ、白身魚ならなんでも構いません
魚屋さんでどうぞお好きに

では、おとうさん
ホウボウを細かく刻んで
ひたすら叩《たた》いて
私は、その間に出汁の仕度
鍋に昆布を水から火にかけて
厚削《あつけず》りの鰹に宗田節《そうだがつお》
飛魚《とびうお》出汁も奮発《ふんぱつ》しちゃお♡
沸《わ》いたらアクを掬《すく》いつつ
弱火で15分20分
おとうさんは叩いた魚を
擂《す》り鉢《ばち》に移して
ひたすら擂る擂る
疲れたら替わるね
団子は団子でもつみれ団子かね
ピンポーン♡

ホウボウを さっき計《はか》ったら だいたい 200g
それに対して 小さじ1強の 塩
卵白2ケ分を そのまま 徐々に 混ぜ込み ます
それとは別に 卵白2ケ分を
泡立て器で メレンゲに します
ボウルを 斜めにするのが コツですよ
出来た——
むちゃくちゃ 早いなァ
昔、パン教室の 先生に言われ ました
プロ級
そしたら ホウボウの すり身に メレンゲを 半分ずつ
さっくりさっくり 混ぜ合わせて
お団子の タネの
出来あがり——♡

弱火にかけておいた出汁もいいカンジ
仕上げに本枯節《ほんかれぶし》の削り節をひとつかみ
ぐわあっ
一旦《いったん》強火にして
鍋が沸いたら即《そく》火を止める
アクを掬《すく》って鰹節が下に沈んだら
出汁を濾《こ》しまして——
味付けは塩がメイン、醤油はほんのちょい
うすくちしょうゆ
塩
きれえぇ
な、コハク色に仕上がったお吸い物に——
うちは、これを使います、アイスディッシャー♡
無ければスプーンとかで構いませんよ——
お団子っぽければいいんです——♡

鍋は決して沸かさずに
時々 ひっくり返しながら 5、6分
くぅ
くぅ
里芋は水洗いして蒸籠《せいろ》で15分
枝豆は両端をハサミで切り落として
ちょきん
多めの塩で揉んで、うぶ毛を取り去ります
そのまんま少なめのお湯に
どぼん
両端を切り落として茹でると、塩が効きやすくてより枝豆が美味しくなるのです
塩
薬味は おとうさん
小口葱《こぐちねぎ》に青柚子《あおゆず》、出来てます、おかあさん
あとは海苔に生山葵《なまわさび》で
お月見ごはんの準備

コクコク…
コポコポ…
ススキが古瀬戸《こせと》の瓶子《へいじ》に侘《わ》びた風情《ふぜい》ですねぇ
古臭い瀬戸焼《せとやき》の貧乏徳利《びんぼうとっくり》ですけどねぇ
どこで手に入れたんでしたっけ
田無《たなし》神社の骨董市《こっとういち》で何かのおまけでもらった
風情はあります
グラスも今夜はちょいとシックに
ユニオンビールにカブトビールのレトログラス
YEBISU
ビールはラッキーヱビス開けちゃいましょう
異常気象やらなんやらありますが、今年も
ぱんぱん
実《みの》りの秋に感謝しつつ

お月さんに
あぁあ
美味しいです、
お月さん♡

それでは
いただきます
子芋の衣《きぬ》かつぎ、塩もいいけど味噌がまた
美味しいい〜〜〜♡
ぱく
枝豆も塩が効いて、ビールがすすみます
秋豆って味が濃くて美味し——♡
ぱく

本日、お月見のメイン料理
卵白と白身魚のまん丸お月見団子汁、いただきまーーす♡
あ♡
出汁に青柚子が秋の香り
あああああ
ホウボウの出汁すごいわーー♡
お団子
リアルお月様
あんむ

わあっ
形もまん丸、味もまん丸、優しさの塊《かたまり》——♡
卵白とメレンゲのせい!? 口溶《くちど》け、口当《くちあ》たり
ふわとろっ
おかわり必至《ひっし》のいくらでも食べられるやつ——
それでは月見団子汁おかわりついでに
炊きたてごはんに海苔、生山葵、それにおかあさんのマイブームで
月見ごはん

●『お月見はマイブームから。』終●

第九十一話
松茸土瓶蒸し最強兵器。

秋たけなわ
このシーズン、料理番組などで聞き捨てならないのがこの台詞《せりふ》
今日のテーマ、今が旬の真《ま》っ盛《さか》りキノコ尽《づ》くしのカンタンお手軽料理——
私も大好きなんですよ——秋といえばキノコが美味《おい》しくなる季節ですものね——
アナウンサー
材料はエノキ、シメジ、シイタケ
秋の味覚ですよね——
いいのかねかあさんや、公共の電波でキノコの旬は秋だって
間違っちゃいないと思うけど、今、TV《テレビ》で観ているキノコってスーパーで一年中 買えるわよね
但《ただ》し書《が》きが必要だよな

こういうキノコで旬を語られてもなァ
原木栽培《げんぼくさいばい》ってどうなのかしら
菌床栽培
わしの実体験で言うとシイタケは春と秋、ナメコは明確に晩秋
シイタケ
ナメコ
旬は ちゃんとあるってことね
食育《しょくいく》っていうことを鑑《かんが》みればマスコミはきちんと伝えないと
今が旬のキノコと呼べるのは天然物《てんねんもの》もしくは原木栽培物
スーパーなどで売られてるキノコに旬は関係ありません!!
じゃあ今回はキノコ料理ですか!?
ひらたけ
ねえ
天然、原木のキノコをふんだんに使って
入手方法は!?
田舎の知り合いに頼むか、通販でかな
締切《しめきり》までそんな余裕ある!?
主婦目線《しゅふめせん》で言わせてね
キノコって そうなの、魚とか春の山菜に比べて天然物が圧倒的に入手困難なのね

でも、ちゃんとあるのよね、菌床物《きんしょうもの》でも良し悪しが
マイタケならスーパーイトーヨー●ドー、シイタケにナメコなら駅前マルシェ、キクラゲならミ●ラ屋
もちろん天然、原木物にはかなわないけど
へえええええええ
すげえなァ主婦目線
違うもんなァ、稀《まれ》に田舎《いなか》の知り合いからいただく天然舞茸《まいたけ》なんかは――
主婦目線
都会じゃ入手困難、売ってたとしても買えません、高くて
でも、拵《こさ》えるならキノコ料理少しは今が旬と呼べるキノコも欲しいよなァ
例えば!?
主婦目線
キノコの王様、即入手可能で世の中に天然物しか存在しないキノコと言えば――
マツタケ!!
主婦目線
輸入物なら可!!!

本日のキノコ料理は
2品
旬とは言えませんが、キノコと鶏肉の炊き込みごはんに
輸入物ですが今が旬の松茸の土瓶《どびん》蒸《む》しきくち家流《けりゅう》!!
材料です♡
芹《せり》、ゴボウ、三つ葉、油揚げ、鶏モモ肉
〈調味料〉濃口醤油、味醂《みりん》、塩
しょうゆ
本みりん
塩
シイタケ ヒラタケ マイタケ 松茸
松茸
まずは土瓶蒸し用の出汁《だし》の準備
鍋に水と昆布、火は点《つ》けずにそのままおきます
利尻《りしり》昆布ですがうちで一番上等なやつ
輸入物（アメリカ産）とはいえ、そこは松茸だから
鰹節もきちんと掻《か》いて
いつもの厚削《あつけず》りじゃないのね
掻きたて美味しー♡
土瓶蒸しの具って、普通何が入ってる!?

鶏肉に銀杏《ぎんなん》、海老《えび》なんかも入ってるかしら
松茸が希薄《きはく》だよなァ
具だくさんで煮物、鍋物っぽく食べるんだったら香りよりも全体のコク重視
厚削りの鰹節で煮出してもいいんだろうけど、せっかくの松茸だもの
山と海の香りをぜひたくに楽しもうではないか!!
鰹節は在庫がふんだんにあるから、可!!
それでは土瓶蒸しの仕上げは後にして
炊き込みごはんから始めよう
最初にキノコ、シイタケ、マイタケ、ヒラタケは包丁、手で割《さ》くようにして
ザルに広げて少々 水分を飛ばします
次に鶏モモ肉、ゴボウ、油揚げ好みの大きさに刻みます
おとうさんにしては具がいつもより細かめじゃない!?
先月、大阪《おおさか》 行って難波《なんば》でかやくごはん食べたじゃない
美味しかったー♡ごはんも味噌汁も熱々で――
かち かち かち
ぽく

その時の具が とても細かくて、ごはんと よく 馴染んでいたのが 印象的で
メインの キノコ以外は そうしてみた
パクリね
学びと言って くれんかな
鍋を火にかけて、油をひいて
鶏モモ肉
全体に 火が 通ったら
ゴボウ
そしたら 味付け
今回は お米3合分、味醂から カップ3分の1
次に醤油、カップ 3分の1強
しっかり甘辛く 田舎風に
鶏とゴボウに 調味料が 絡んだら
水 カップ2
そこで 油揚げ

最後に 旬とは呼べないのが残念だけどキノコ――!!
鍋からはみ出さんばかり、結構な量だこと
風味の軽さは量でカバー、天然物じゃァこうはいかない!!
主婦目線で合格です♡
キノコに熱が入って、量が落ち着いてきたら、味見
キノコって水分が多いものね
土瓶蒸しとの対比を考えて炊きこみごはんは
けして薄味にならぬように
味が決まったらそのまま冷まして、具材に味を染み込ませます
具材が冷めた頃合いに米を研《と》ぎましょう
じゃく じゃく
じゃく
お米はもちろん今年の新米、あきたこまち
秋田県横手市《あきたけんよこてし》樽見内産《たるみないさん》、きくち正太《しょうた》パッケージデザイン
あきたこまち
新米
5kg

ごはんの具が冷めたら、煮汁を濾《こ》しまして――
具材、具材を濾した煮汁にお米が揃ったところで
今回は炊飯器で炊いていきますが――
お釜に米を入れ
濾した煮汁を合わせて
3合の目盛まで水で補います
新米ですので汁は若干《じゃっかん》少なめで
ここで最後の味見
菌床栽培のキノコは、味は濃いめのほうがオススメです
炊飯器《すいはんき》にセットして吸水
白米だと必要のない炊飯器も多いですが、炊き込みごはんは吸水が必要です
30分以上おいてスイッチオン!!
さてさて
いよいよ本日のハイライト、松茸土瓶蒸しきくち家流!!

昆布を水に浸《ひた》すこと3時間
鍋に火を点けまして
かちかち
ぼん
沸いたら弱火で10分
ツメを立てて表面が柔らかくなっていたら引きあげて
鰹節は山川《やまがわ》産《さん》本《ほん》枯節《かれぶし》
と、いきます
どぼん
火を強火にして、沸《わ》いたら 即《そく》火を止めます
アクを掬《すく》いつつ鰹節が下に沈んだらひと呼吸おいて
丁寧《ていねい》に濾します——
きれいなコハク色ー♡
一流料亭クラス!!
味付けは塩が8割
淡口醤油をほんのちょい、炊き込みごはんとは真逆
松茸は濡らしたペーパータオルでやさしく砂やゴミを拭き取ります
やさしくやさしく
主婦目線、完全アウト——!!!

次に石突《いしづき》の土汚れを包丁で薄く薄く削り取りまして
小さめならそのまま、大きめなら
かさの柔らかい部分と軸の硬い部分とに切り分けて
かさに軸を薄切りにしまして
料亭で見る形だわーー♡
ごはんが炊きあがりましたので返します
神《かみ》タイミング
具材投入ーー♡
さっくりさっくり混ぜ込んで
食べるまで蒸らしーー♡
薬味は、炊き込みごはんには芹
土瓶蒸しには三つ葉にスダチが欠かせません

その土瓶蒸しの器《うつわ》は!?
料亭じゃないんだから普通 無いわな、こんな専用道具
家庭でやるなら小さめのやかん、深めの土鍋とかだろうけど
うちはあれですか
あれですよ
直接 火にもかけられて
松茸に鰹の香りも逃がさない――
とっておきはひそひそばなしで
15年ほど前、本場 鹿児島《かごしま》で薩摩《さつま》焼きの窯元《かまもと》さんで直接買い付けました
芋焼酎《いもじょうちゅう》のお湯割《ゆわ》りには欠かせない
黒《くろ》じょか!!!
中身は鰹出汁と松茸のみ!!
潔《いさぎよ》いわ――♡
和食の基本です

EBISU

あああ♡
菌床栽培でもこれだけどっさり入ってるとちゃんとするわ——キノコの香り
くんくん
そこですね、菌床物の料理のコツは——
いただきまああす
ぱくっ
美味《お》しーい♡
キノコに鶏にゴボウ、油揚げ、具が茶碗の中で渾然《こんぜん》一体《いったい》!!
それでも主役はキノコ!!甘辛の田舎風だけど、とてもシンプルで——
上手上手!!とっても上手な炊き込みごはんですよ、おとうさん——♡
ぱくぱく
自分を主張し過ぎない、菌床物のほうがこういうチームプレイ料理には合ってるかも

で、これがまたビールに
炊き込みごはんて、それだけでおつまみになるから好き――♡
うちは酒呑みが拵《こさ》えるから特にな
きましたよ――おとうさん――!!
これは旬と言って差《さ》し支《つか》えはありません
大振りの猪口《ちょこ》に三つ葉
小さいからな――料理屋の土瓶蒸しの猪口は――
どうぞ
いただきます

ああああ
秋です♡
秋の香りですよ――――♡
差し支えありません
くんくんくんくん
どわっ
すっごい熱々!!
ふーふー
があああああ
具は松茸だけの土瓶蒸しなんて初めて!!
こんな熱々も初めて!!
大人《おとな》の美味しさよ、おとうさん
カボスを搾《しぼ》って味変《あじへん》

●『松茸土瓶蒸し、最強兵器。』終●

きくち家ふだんおでんは松に風。

第九十二話

能登半島地震
被災地の皆様、
心よりお見舞
申し上げます。
一日一刻も早い
復旧復興を
切に切に願って
おります。
きくちょう太
スタッフ一同
能登半島珠洲市丸和工業さんの七輪。
私が知る限り
世界でいちばん
カッコいい
キューブグリル
コンロ!!
工場まで
出向き自分の
眼で選んで
購入。
さくら家
自慢の
調理道具
能登の文化度
の高さを証明
する逸品!!

う〜〜っ
寒くなるもんですね、おとうさん
マゴチの冷《ひや》し茶漬《ちゃづけ》の話描いたのがついこないだ、あっという間だな季節も
JR

締切《しめきり》もあっという間
どうします？おとうさん、次のお話のネタ
そうだなー 絶対《ぜったい》 身体《からだ》が温《あった》まるやつだよなー こう寒いと
あら
株《かぶ》つきの春菊《しゅんぎく》ですよ、おとうさん
京都府産
京春菊
株つきの春菊って築地魚河岸《つきじうおがし》で見つけた江戸川《えどがわ》春菊以来だな
あれ、美味しかったですものね
江戸川野菜
京のしゅんぎく
えぐみが少なくて、柔らかくて
この春菊もきっとそうですよ
この春菊をネタに料理というと、アレかな
アレですね
それなら買い物はスーパーでオーケー
高松《たかまつ》さんに連絡しなくちゃ

春菊からの!? なんですって!?
おでん!!?
さて措《お》き、えらい久しぶりなんだけど絵に描くの
マゴチの冷し茶漬の時よね、靱帯《じんたい》を痛めて欠席だったの
それがよくなったと思った矢先《やさき》に、足を骨折して3ヶ月ほどギプス生活
不可抗力《ふかこうりょく》とはいえ、大変だったでしょー
厄除《やくよ》けでもしてきたらどうだ?
マンガで高松君と松葉杖《まつばづえ》をセットで描くのって頻度《ひんど》高いから——
鳥取県《とっとりけん》 三佛寺《さんぶつじ》投入堂《なげいれどう》でいただいた角大師《つのだいし》様の御札《おふだ》
厄除祈願
ず…
でも、なんでです!?
なんで春菊でおでんなんス!?

詳しい話はあとで
まずは食べてもらおうか
つっても、きくちさんちのおでんて3日がかりじゃ
筍《たけのこ》に蕗《ふき》のかんぴょう巻き、蛸《たこ》、つみれ、がんもはお手製
ばななさんをお招きした時のね
毎回 あのレベルで拵《こさ》えてちゃ、身体に財布がもたん
今日は冷えるから夜はおでんでも囲みましょうか
大根くらいは煮るけど、練《ね》り物《もの》、コンニャク、タネはあらかたスーパーで揃《そろ》えて
それでもちゃんと美味しい普段《ふだん》日常《にちじょう》のおでん
うちにだって当然ありますよー
ぜひ!!!
材料から
といっても春菊以外はごくごく普段のおでん、基本 皆さんの好みの材料で
ギプスは取れたものの完全《かんぜん》傍観者《ぼうかんしゃ》

本日のおでん材料、
早《はや》煮《に》昆《こん》布《ぶ》、
しらたき、
コンニャク
はんぺん、
茹《ゆ》で玉子《たまご》
はんぺん
しらたき
こんにゃく
スーパーで安かったボイルイカにボイルホタテ
ちくわ、ちくわぶ、じゃこ天《てん》、すじ、他いろいろなんでも好きなもの――
京のやさい
しゅんぎく
マストは大根、そして春菊!!
何か質問はあるかね、高松君
肝心の出汁《だし》は――!?
鰹節《かつおぶし》とか煮干《にぼし》はいいんスか――!?
遠いな――

え?!!
出汁は取らないーー!?
でも昆布があるじゃないスかーー
それは出汁用じゃないんスかーー!!?
そりゃあ出汁も出るがーー結《むす》び昆布用だーー
なんで出汁取らないんスかーー!!? 鰹節アンバサダーでしょーー きくちさんーー
今、説明しにいくから待ってなさいーー!!
きくち家《け》でおでんに出汁を取らない理由
それはズバリ
必要がないから!!!
でも、コンビニおでんとかよく目にするじゃないスか
枕崎産本枯節《まくらざきさんほんかれぶし》に利尻昆布《りしりこんぶ》使用とか
もったいない!!!
今回のおでんダネ、昆布だけでもしっかり出汁は出る
ましてや市販のちくわ、じゃこ天、つみれ、さつま揚げなんて旨味調味料《うまみちょうみりょう》の塊《かたまり》、出汁は それで充分!!
本枯節に利尻昆布を一緒くたにしちゃあバチがあたる!!

調味料も
うちは塩と
淡口《うすくち》醤油だけ
具材の持ち味で
食べさせる基本は
他の料理と
変わらないわ
日常の所謂《いわゆる》
おでんでも
然《しか》り!!
調理
スタート
最初は大根
3、4㎝の
輪切りに
して
厚めに
皮を剥《む》く
半分に
切って――
とん
大鍋にゆったりと
火にかける
下煮《したに》はしなくて
いいんスかー
!?
しなくていいように
半分に切った――
アクとかは
大丈夫なんスかー
!?
大根が良ければ
大丈夫――
程よいアクは
いい出汁にも
なるもんだ――

早煮昆布は
たっぷりの水で
戻して
昆布1本に
結び目は
ゆるく2つを
ちょん切って
大根の鍋に
投入
そして
きくち家の
おでんに
欠かせない
ものが、これ
昆布の
戻し汁♡
鰹やいりこで
わざわざ
出汁を取ら
なくても
大根と
昆布の
戻し汁が
出会うと——
本当だ!!
途端に香りが
おでんぽく——
くんくん
コンニャクは
好みの形、
大きさで
しらたきと
一緒に湯通《ゆとお》し
練り物は
ちくわにすじ、
じゃこ天、
これも好みの
大きさで

ただ、ちくわぶは斜めに形を揃えて切ることをおススメします
味の染み方が均一となり、食感もうんと良くなります
きくちさんちでこれは外《はず》せない練り物ってあるんスか——
じゃこ天
意外——!! なぜっスか——!?
秋田県人《あきたけんじん》だから
うちの知事がごめんなさい…
じゃこ天なんてびんぼうくさい
練り物は沸いた鍋で湯通しをして
ザルに揚げて、しっかりと油抜《あぶらぬ》きします
あとは順番を考えて煮ていくだけ
まずはコンニャク、しらたき

大根が煮えてるのを確認して
お湯をたっぷり張って――
塩が8割、淡口醤油2割くらいで味付け
うすくち
塩
卵は水から火にかけて、沸騰したら8分ぐらいの固茹《かたゆ》で
味付けのあとで練り物
練り物から出汁が出るといっても旨味が抜けすぎてはいけませんから
茹で玉子も早いうちに
おとうさん、味見《あじみ》最終チェック
はいっ、すっきりしゃっきりうちの味です
煮詰《につ》まることを考えるともう少しお湯を張ってもいいかも

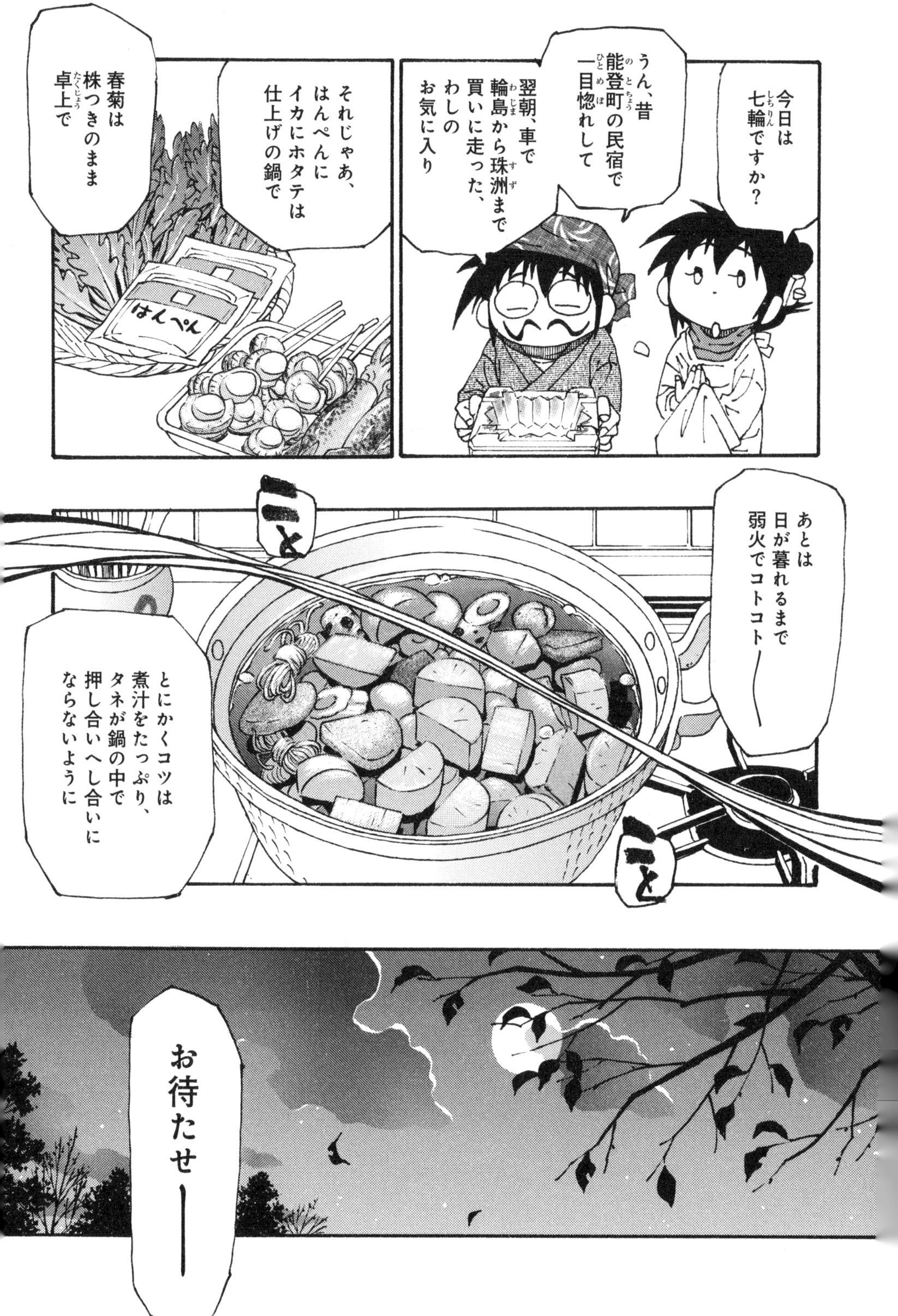
今日は七輪《しちりん》ですか？
うん、昔 能登町《のとちょう》の民宿で一目惚《ひとめぼ》れして
翌朝、車で輪島《わじま》から珠洲《すず》まで買いに走った、わしのお気に入り
それじゃあ、はんぺんにイカにホタテは仕上げの鍋で
春菊は株つきのまま卓上《たくじょう》で
はんぺん
あとは日が暮れるまで弱火でコトコト――
とにかくコツは煮汁をたっぷり、タネが鍋の中で押し合いへし合いにならないように
お待たせ――

磯自

かっけーー!!
日常の所謂《いわゆる》おでんも道具立《どうぐだ》てで超ごちそうです
今夜は食べる分だけ取り分けて熱々《あつあつ》をいただくスタイル
何にします、髙松さん
大根に昆布、ちくわぶにしらたき
はい♡
大根、昆布、ちくわぶ、しらたき
大根が箸《はし》でさっくり割れて丁度いい煮えかげんス♡
足が痛くても食べやすいでしょ!?
足、関係あるか

あむ…
あぁあっ
冬のおでんだー!!!
時間と日にちをうんとかけて、くたくたになるまで煮込んだおでんもいいスけど
中まで味は染みてるんだけど出来たて――っていうフレッシュなおでんも――
出来たてのフレッシュ感をさらにブラッシュアップ
春菊いきます♡
おでんの汁にさっとくぐらせて
どうぞ髙松さん

へえぇ!!
おでんの汁で春菊をしゃぶしゃぶ!?
おでんでこんなの初めてだ
はふっはふ
あむ
しゃくっ
あっ
春菊が歯応えしゃきしゃきで
しゃく
しゃく
あまま
確かに
おでんで野菜のこの新鮮な食感は初めてだ――!!
おまけに春菊の香りが、素晴らしいアクセントになって
意外――!!
春菊とおでんてこんなに合う!!?
ちくわぶ!!
春菊!!
昆布!!
春菊!!
しらたき!!
春菊――!!
おでんが止《と》まんなくなります――!!

そこで、まずはとりあえずの
ごきゅ
ごきゅ
熱燗《あつかん》もいいっスけど
冬なのにおでんにビールってなんでこんなに美味いんスかね!?
七輪目の前だと特にね
お酒は、足大丈夫なんです!?
こないだまでほとんど飲んでないんスよ――
それが大きいんじゃないのか
じゃこ天も美味いっス
本当に春菊が合いの手で入ると
おでんの美味しさが倍増しますねー

どこで
仕入れたんス?
おでんに
春菊なんて
食べ方
あれは
出雲大社《いづもたいしゃ》
行った時
だから
松江《まつえ》ですね
晩秋の宍道湖《しんじこ》からの
赤ちょうちん
地元の居酒屋さん
入って
おでん
いらっしゃい
カウンターに
おでん鍋
その鍋の脇に
ザルの上に
春菊が山盛りに
なってて
二人《ふたり》とも
それが
ずーっと
気になって
やがて
隣《となり》のお客さんが
オレ、大根に
つみれに春菊
そしたら女将《おかみ》さんが
別鍋に取り分けた
おでんのスープで
春菊を
はーい
春菊ね
しゃぶ
しゃぶ
大根、つみれに
春菊
はぁ〜♡

●『きくち家 ふだんおでんは松江風。』終●

第九十三話
私のお気に入り
能登に秋田の最強コラボ。

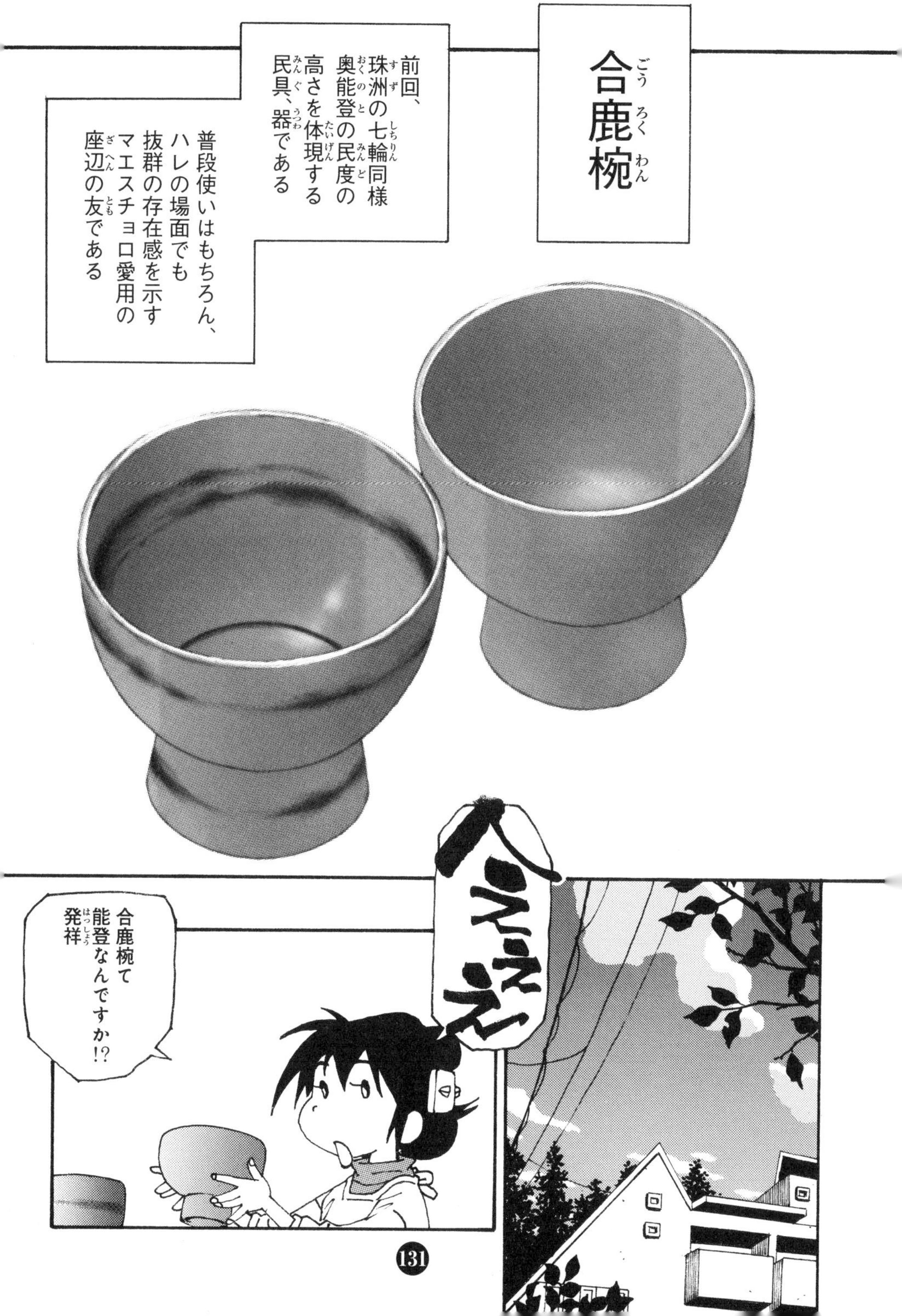
合鹿椀《ごうろくわん》
前回、珠洲《すず》の七輪《しちりん》同様奥能登《おくのと》の民度《みんど》の高さを体現《たいげん》する民具《みんぐ》、器《うつわ》である
普段使いはもちろん、ハレの場面でも抜群の存在感を示すマエスチョロ愛用の座辺《ざへん》の友《とも》である
へえええ
合鹿椀て能登なんですか!? 発祥《はっしょう》

奥能登に合鹿という地方があって、そこで作られてたんだと
輪島塗《わじまぬり》のルーツという説もあるらしい
どうぞ
ありがとうございます
質実剛健《しつじつごうけん》でたくましいこのフォルム
古い物だったらもっといいでしょうね
なぜ、こんな腰高《こしだか》な形なのか分かりますか？
持ちやすいようにかしら!?
昔、テーブルとか無かった時代床《ゆか》に直接 置いて
ご名答《めいとう》!!
実際、囲炉裏《いろり》を囲む食文化にはもってこい
用《よう》の美《び》かくあるべし!!
さすがですね、おかあさん
まかせて♡秋田《あきた》の実家じゃあ囲炉裏２つが現役ですもの

んじゃあ
おかあさん
今回は能登の合鹿椀に敬意《けいい》を表して
秋田料理の代表選手と
いいですねえ
雪国と囲炉裏の繋《つな》がりで
コラボしちゃいましょ♡
きりたんぽ!!?
やったああぁ!!
松葉杖《まつばづえ》はもういいんです？高松さん
はい、お蔭様《かげさま》で、いろいろとご迷惑おかけしました
いえいえ
じゃあ、もう飲みに行けるな
そういえばきくちさん、今まできりたんぽって描いてないスもんね
だまこ鍋でした!?きりたんぽの原形っていうやつ
そっちは、マンガよく描いてますけど

袋入りの売ってるやつ使うんなら別だけど
ごはんから自分で拵《こさ》えるとなるとハードル高くてな
きりたんぽ
ハードルが高い!?
専用の道具が必要なのよ
串《くし》な、ごはん巻きつける専用の串がな
代用《だいよう》じゃダメなんス!? 割《わ》り箸《ばし》とか
ネットなんかじゃ割り箸を代用してって出てくるけど
それじゃあ合鹿椀に敬意が足りないし
敬意!!?
きりたんぽに対してもね
道具としてステージのケタが違うんだよ、割り箸とは
ほら

存在感が
全然 違う!!
太さなんか割り箸の
4本分くらい!!?
敬意も何もあった
もんじゃないだろう、
割り箸じゃあ
白っぽいのが
道の駅とか
お土産屋《みやげや》さんで
売ってるやつ
赤っぽいのが
本場《ほんば》 大館《おおだて》の
道具屋さんで
見つけた、店の
おやじの手作り品
赤いのは
秋田杉《あきたすぎ》の芯材《しんざい》
なんだと
より丈夫《じょうぶ》で、
より長持ち、
香りも良い
それをきれいに
面取《めんと》りして、
値段も白いのの
倍!!
やっぱ本場は
違うんだな、
いるんだよ
きりたんぽ
バカが
おとうさんの
最大級の
ホメ言葉
です♡
へえええええ
ちゃんとした道具で、
ちゃんと拵《こさ》えてこその
郷土料理!!
合鹿椀と
コラボすんなら
尚更《なおさら》!!
ハードル
高いでしょ!?
持ってるん
じゃねーか、
専用道具

きくち家《け》 正調《せいちょう》
きりたんぽ鍋、
きりたんぽ以外の
材料です♡
葱《ねぎ》
ゴボウ
芹《せり》
醤油《しょうゆ》
味醂《みりん》
日本酒
八海山
濃口しょうゆ
純米
本みりん
生芋
しらたき
鶏ガラ
鶏モモ肉
しらたき
舞茸《まいたけ》
きりたんぽ鍋で
これは絶対
外《はず》せない具って
なんなんです!?
全部!!!
即答!!!
きりたんぽ鍋って
良く言えば
完成度が高い、
悪く言えば
めちゃめちゃ
保守的な料理で
上記の具が
きちんと揃わないと
きりたんぽ鍋は
始まらないのだ

鶏は比内地鶏《ひないじどり》以外許さんと言う人もいるし
値段がなァ、鶏ガラなんて入手困難に近いし
逆に何かアレンジは!? ちょい足《た》しとか味変《あじへん》とか、今風《いまふう》の
考えただけで
勝手にやれば
よね、どう!? キムチとかチーズとか入ったら
食わず嫌いのクソジジイでいいです
だからうちの知事が120%悪いんだけど
本当すみませんなんだけど
愛媛県《えひめけん》知事のあの提案は
じゃこ天《てん》をきりたんぽ鍋に入れてですね
ゴメンなさい、それは受け入れられません!!
始めます♡
きりたんぽ作りはおいといて、鍋自体はそんな難しいことはありません
まずは鶏ガラを鍋でさっと湯がいて
ぐら
ぐら
ざあああ
ザルに揚げたら——

じゃあぁ
流水で血合《ちあい》、内臓を掃除して――
鍋に水から火にかけて、沸いたらアクを掬《すく》って
弱火で2時間以上じっくり出汁をとります
ぴぴぴ…
ごはんが炊けたので
擂《す》り鉢《ばち》に移して、量は3合《ごう》くらい
いよいよっスね!? きりたんぽ
ずこずこずこ
擂《す》り粉木《こぎ》で七分《ななぶ》がたついて――
手には塩水、小さめのミカンくらいに丸めます

この辺で炭を火にかけまして
ぱちっ
きりたんぽ専用串の先に巻きつけます
手には塩水
にぎにぎ
こんなカンジ♡
短くないスか!?
相場《そうば》は15㎝くらいかしら
囲炉裏があれば、それもいいんでしょうけど
奥能登、珠洲の七輪に合わせてそのサイズ
シメのお楽しみにもなるしね
のちほど
仕上げは俎板《まないた》に、塩水で形を整えて
少し冷まして きりたんぽを落ちつかせます
七輪の仕度して

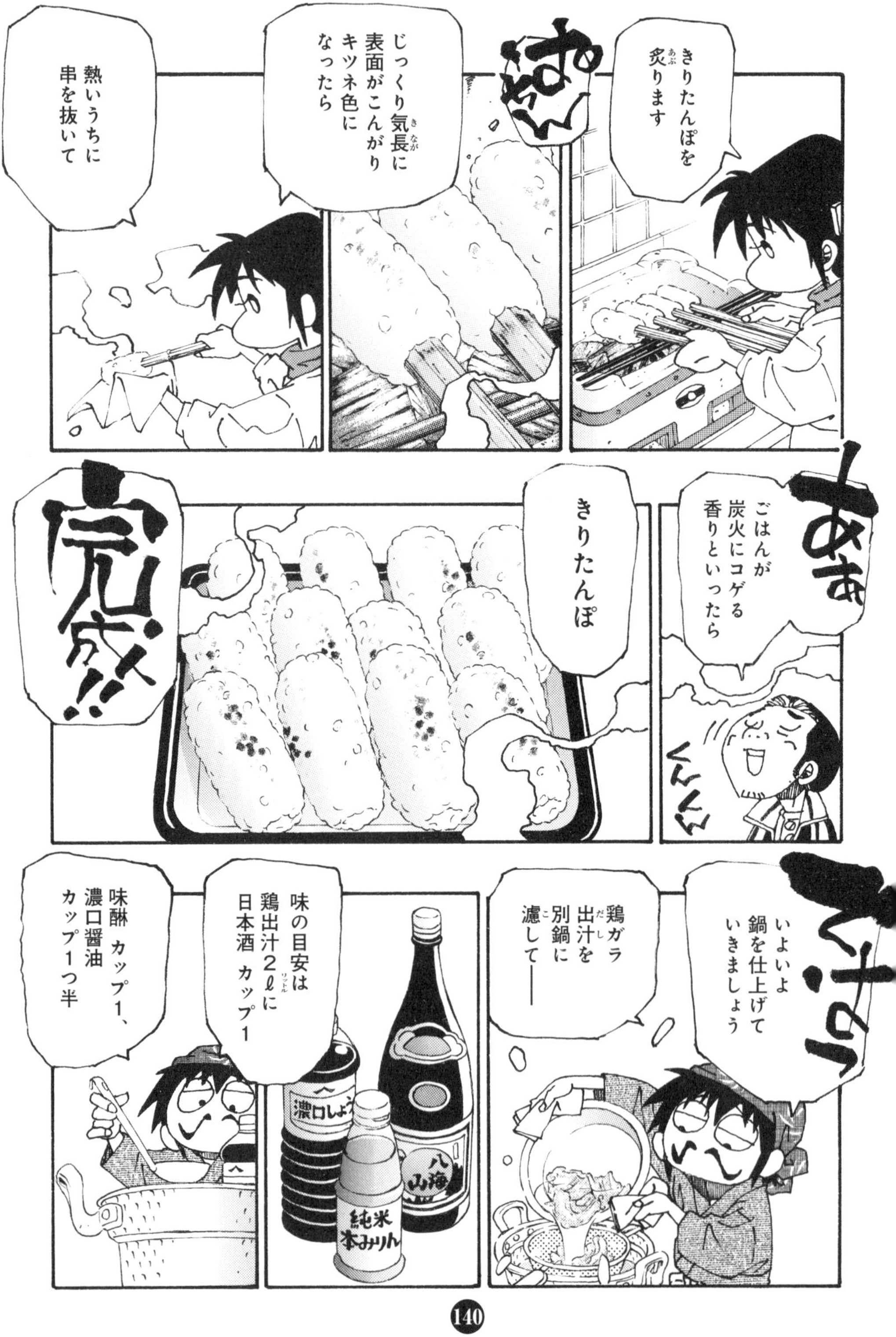
きりたんぽを炙《あぶ》ります
じっくり気長《きなが》に表面がこんがりキツネ色になったら
熱いうちに串を抜いて
ああ
ごはんが炭火にコゲる香りといったら
くんくん
きりたんぽ
完成!!
いよいよ鍋を仕上げていきましょう
鶏ガラ出汁《だし》を別鍋に濾《こ》して——
味の目安は鶏出汁2ℓ《リットル》に日本酒 カップ1
味醂 カップ1、濃口醤油カップ1つ半
純米本みりん
八海山

コツはより醤油っぽく
甘めの味濃いめ
これです、これ——
糸コンニャクは適当に切って湯通し
鶏肉はひと口大《くちだい》のそぎ切り
ゴボウは細めのささがき
舞茸は大きめに手でちぎって
葱は斜め薄切り
お次は芹
変わった芹ッスね、根っこがうんと長くて
そう、三関《みつぜき》芹と言って——
水でよく洗います
秋田県は横手《よこて》市《し》の隣《となり》、湯沢《ゆざわ》市《し》三関の特産品で
味も香りも一級品、その上根っこがまた美味いというのが特徴で
きりたんぽ鍋には欠かせない日本一の芹ね
秋田県
大曲
横手
湯沢
三関

きりたんぽ鍋は定番の具がどれも大事と述べましたが中でも 芹!!
きりたんぽの次に重要なのが実は芹でして
三関芹じゃなくても、より新鮮なものを求めましょう
芹は根っこと分けて
5、6㎝の長さに切り揃えます
ざく
土鍋に味付けした鶏ガラスープを火にかけて
あとは順番に気をつけて煮ていくだけ
最初に鶏肉
鶏肉に火が通ったら、しらたきにゴボウ
舞茸
三関芹の根っこ
ここできりたんぽを並べ入れる
きりたんぽって最後じゃないんだ
スープを軽く含ませたいからね
最後は葱と芹

香りが、もう
くんくん くんくん
フタをして、沸いたところで
秋田のとっておきを能登のとっておきに
よそいます

はい
髙松《たかまつ》さん
冷めねどご あがって たんせ
冷めないうちに 食べてくださいの、上等 秋田弁
わしだったら ぐぐ《早く》どけ《食》
なんスか!!? この芳《こう》ばしい 香りは!!?
炭火のおかげ なんスか!? きりたんぽで これは初めて
ぐぐどけ!!
まずはスープ

同じ醤油味の甘辛でも、蕎麦屋のかけつゆとはまた違って――
動物性の出汁なんだけど後味《あとあじ》すっきり
でも、程よい脂分のコクが深くて――
鶏出汁にゴボウ、舞茸、芹に葱、それらが合わさってのきりたんぽ鍋ですから
きりたんぽ、鍋には鰹節アンバサダーも封印です
でも
きりたんぽ
サイズ感がかわいいこと!!

まんつ
まんつ
しったげ
んめん～
んごど
〈たいへん美味《おい》しいずこと〉
まんつ＝翻訳不可……
あぁぁあ
美味《うま》い!!
炭火のコゲた芳《こう》ばしさと甘辛醤油味の鶏出汁が合うこと合うこと!!
ねええええ
その出汁を含んだきりたんぽが口の中でほろりと優しくほどけて
市販のきりたんぽだと10分は煮込まないと柔らかくならないけど
拵《こさ》えたての焼きたてだったら２、３分煮るだけでいいもんねー♡
米の味もちゃんと分かるしな

んで
この芹!!
芹の根っこなんて初めてッスけど
歯応えしゃきしゃき!!
甘味を含んだ清冽《せいれつ》な香り!!
合います!!
きりたんぽ鍋には芹です!!
このお椀がまたいいッスねーーー!!
野武士《のぶし》みたいな無骨なフォルムで
奥能登の民藝《みんげい》、合鹿椀!?
きりたんぽにはぴったりなんすけど
ねえええ
どっしりとしていながら、とっても柔和《にゅうわ》で
きりたんぽ鍋にお誂《あつら》え向《む》きとは、このことね
能登の復興にうちの知事、真剣にコラボを考えてくれないかしら

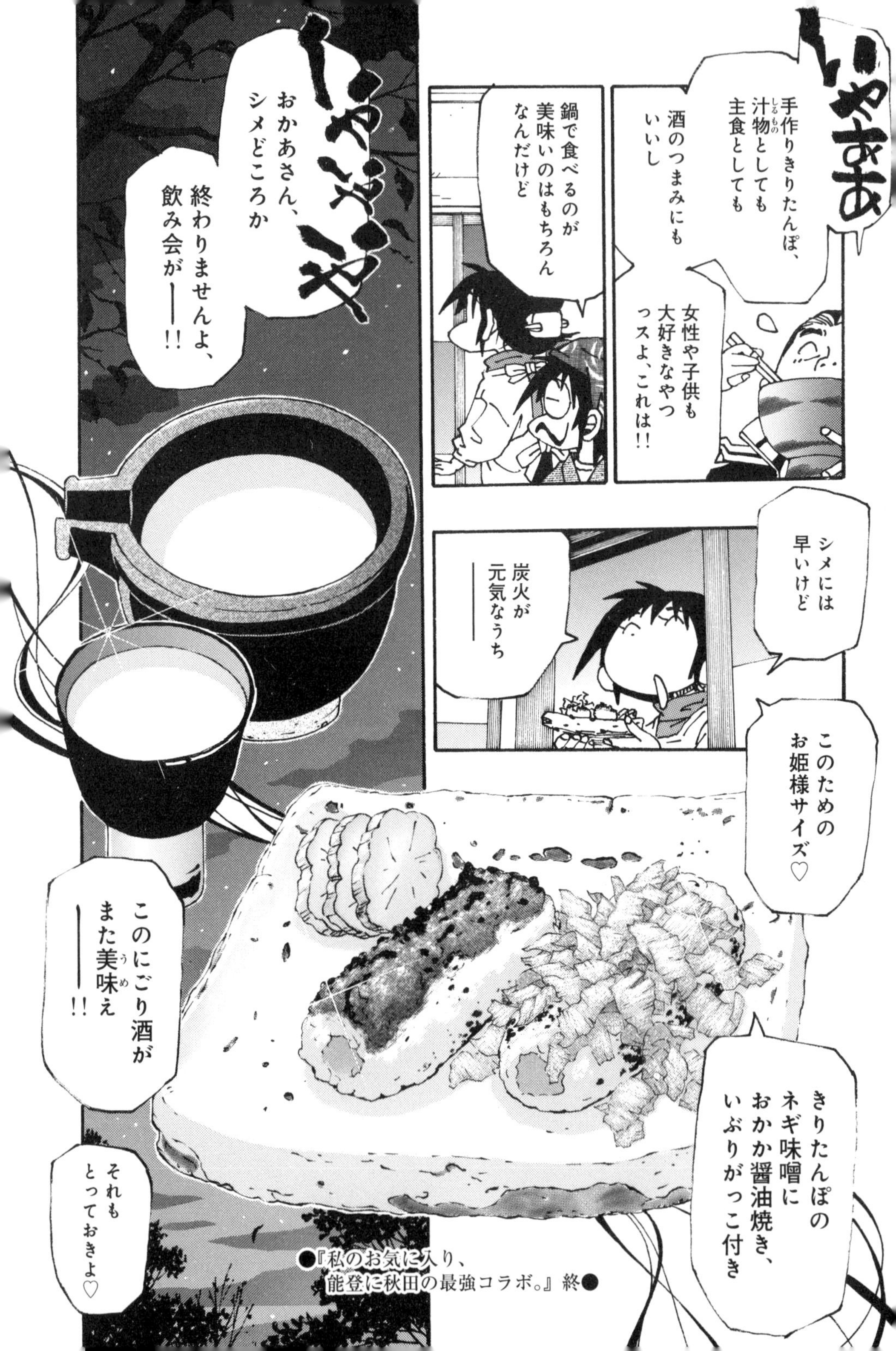
いやまあ
手作りきりたんぽ、
汁物《しるもの》としても
主食としても
酒のつまみにも
いいし
女性や子供も
大好きなやつ
っスよ、これは!!
鍋で食べるのが
美味いのはもちろん
なんだけど
シメには
早いけど
炭火が
元気なうち
――
このための
お姫様サイズ♡
きりたんぽの
ネギ味噌に
おかか醤油焼き、
いぶりがっこ付き
いやいやいや
おかあさん、
シメどころか
終わりませんよ、
飲み会が――!!
このにごり酒が
また美味《うめ》え
――!!
それも
とっておきよ♡

●『私のお気に入り、
能登に秋田の最強コラボ。』終●

第九十四話
そして
あたりまえの
ぜひたく。

ぜいたくとは
なんだろう

ぜいたく【贅沢】①身分にすぎたおごり。②ひどくかねがかかかること。

住まいは
タワマン、
愛車は
フェラーリ、
海外旅行は
ファースト
クラス
夢のような
ぜいたくである

高級ホテルの
最上階、
素敵な
お嬢様方《じょうさまがた》と
下心満々《したごころまんまん》 合《ごう》コン
見果《みは》てぬ
夢である

銀座《ぎんざ》の寿司店、
大間《おおま》のマグロに
城下《しろした》ガレイ、
間人《たいざ》ガニ
他人《ひと》の財布なら
夢じゃないかも

ぜいたく!? エルメスの割烹着《かっぽうぎ》に
ヴィトンのスリッパ
フェラーリって掃除機ないの!?
家電メーカーじゃない、車!? 自転車は!?
それより今朝のテレビ観た!? 自民党《じみんとう》の匿名《とくめい》だったけど、国会議員の収支《しゅうし》報告書《ほうこくしょ》
ラーメン屋で15万ですって!! ラーメン屋よ!?
どんなにぜいたくな注文したってそんな額にはならないわよね
さては秘書が10人全員ギャル曽根《そね》!? アホか!!!
お茶です、おかあさん
ありがとー♡

ずずっ
ああ
美味しい♡
今日のお茶はなんですか?
大曲《おおまがり》のおかあさんちのお茶、今日はちょっとぜいたくに100g 1500円のやぶきた
ねえええ
お茶が1500円てお茶屋《ちゃや》の娘でもレシート見たら超ぜいたくよ
ラーメン屋さんで15万て、何!? そんな領収書が通っちゃう世界って
あっ
もしやそれが異次元!? 上手《うま》いわね、首相
火の玉になって〜!!
んもぉぉ
納税意欲ゼロ、どうしてくれる——!!
日本国民の声である

この時期、我《わ》が家《や》では
自営業の事情として
ごくごく自然に家事、
おもに飯当番《めしとうばん》のお鉢《はち》が
自分に回ってくる
しゅこ…
しゅこ
もちろん、こちらは
それを嬉々《きき》として
受け入れる
しゅ…
腕を揮《ふる》うとか、
料理を
振る舞うとか
自分本位
ではなく
その人《ひと》の労《ろう》を
ねぎらう
料理の
動機として、
自分が一番
大切だと
思う気持ち
それを確認
できるのが
嬉しかったり
するのだ
包丁を研《と》ぐのは
一度に3本くらい、
あまり本数が多いと
どうしても雑《ざつ》になる
今日は普段から
使用頻度《ひんど》の高い
三徳包丁《さんとくぼうちょう》、
それに柳刃《やなぎば》、
おかあさん愛用の
洋《よう》包丁
どれも10年20年
使い続けられている
大切な戦友である

包丁を研ぐのは
そんな難しい
ことではない
包丁を砥石《といし》に
二百篇《にひゃっぺん》くらい
こすりつけてやれば
いいのである
しゅこ
しゅこ
親指の爪《つめ》に
刃先《はさき》をあてて、
滑《すべ》らなければ
オーケー
しゅこ
刃がついたら
包丁全体を
磨いてやるのだが
包丁を磨くのも
いろいろ
試してみた、
大根に
クレンザー、
耐水《たいすい》サンド
ペーパー、
磨き粉
あれこれ
どの方法でも
ある程度は
きれいになって
くれる
最近は
もっぱら、
スコッチ
ブライト
である
SILVER
POLISH
Scotch Brite
仕上げに
新聞紙を広げ、
包丁の
刃の両面を
20回くらい
大きくこすり
つけてやる
この紙研《かみと》ぎで
包丁の切れ味が
驚くほど違ってくる
最後に包丁の刃を
新聞紙に挟んで
3回ほど抜き差し、
新聞のインクの
油分がサビ止め
となる

冷蔵庫の在庫を確認
散歩を兼ねた買い物に出かける
お願いしまーーす
はーい いらっしゃーい
豆腐店
にがり木綿《もめん》に油揚げ3袋ください
はいよ
にがり木綿に油揚げ3つ
今日はひとり!?
申告の時期なもんで
おとうさん、邪魔だもんね
♪
♪
安くないスか!? スミイカ580円てーー
あああ
キンメ
八角
580 スミイカ
1180 めばる
680 いさき

不揃《ふぞろ》いで入ってきたやつだから、そういうのは安いんですよ
大きいのは早い者勝ち
ください!!
油揚げに豆腐、お買い得のスミイカ
その他、日々の食材を調達しつつ帰路《きろ》につく
ただいま——
野菜のメインは葱《ねぎ》にウド
研ぎたての包丁からのねぎらい料理
テーマは束《つか》の間《ま》のぜいたく——かな

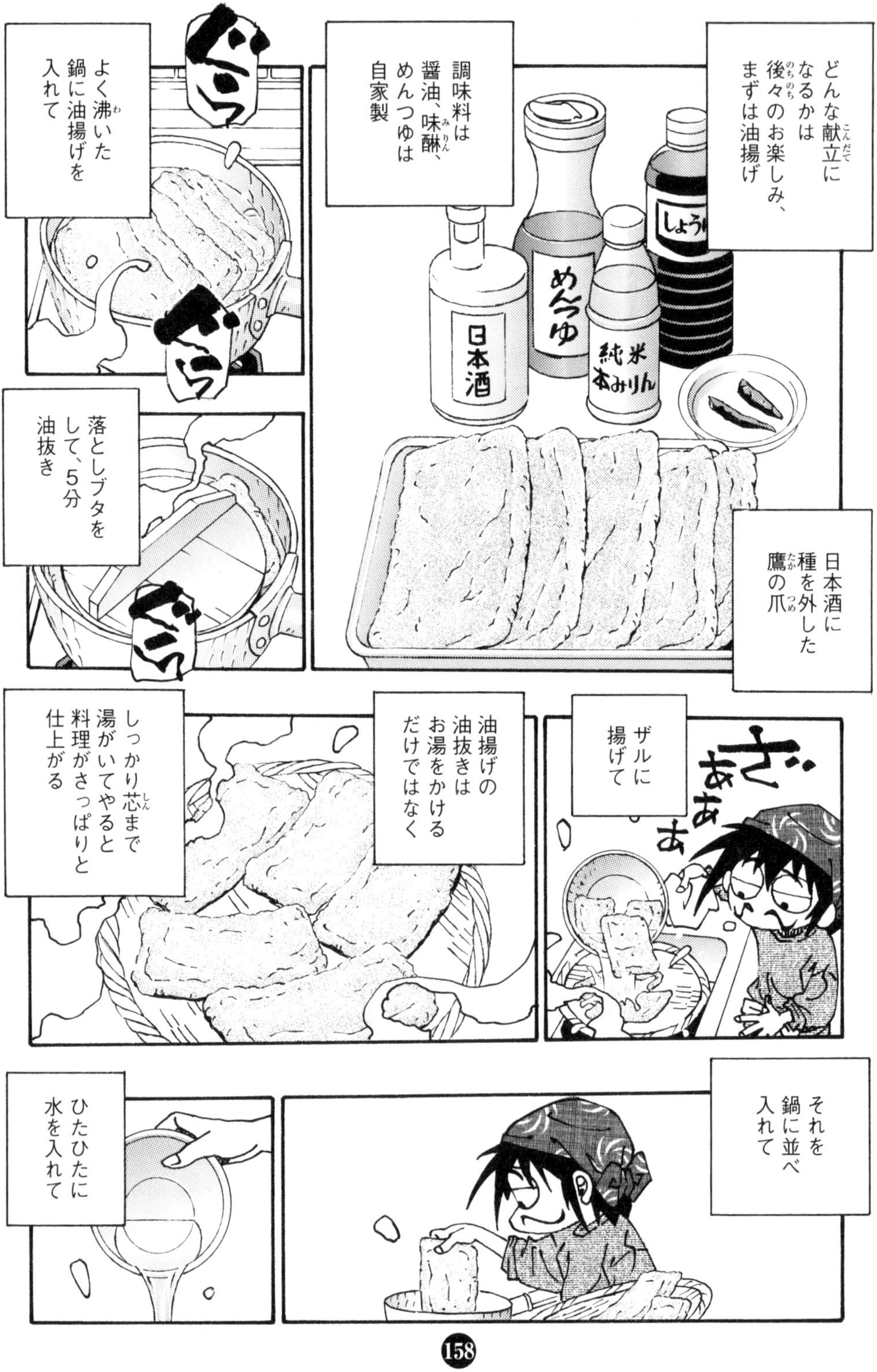
どんな献立《こんだて》に
なるかは
後々《のちのち》のお楽しみ、
まずは油揚げ
調味料は
醤油、味醂《みりん》、
めんつゆは
自家製
しょうゆ
めんつゆ
日本酒
純米
本みりん
日本酒に
種を外した
鷹《たか》の爪《つめ》
よく沸《わ》いた
鍋に油揚げを
入れて
ぐら
ぐら
落としブタを
して、5分
油抜き
ぐら
ザルに
揚げて
ざあああ
油揚げの
油抜きは
お湯をかける
だけではなく
しっかり芯《しん》まで
湯がいてやると
料理がさっぱりと
仕上がる
それを
鍋に並べ
入れて
ひたひたに
水を入れて

めんつゆ、味醂、醤油、日本酒を油揚げ5枚分（うちが通う豆腐屋さんの油揚げはかなり大きめ）それぞれカップ半分ずつ
鷹の爪2本は味を引き締めるため
しっかりと鍋が沸いたところで
アルミホイルと落としブタ、トロ火で1時間
我が家ではセントラルヒーター（石油ストーブ）の火加減がベスト
何ができるかというと
きつね
――のお揚げさんである
どこか甘ったるい匂いがする最近の大量生産物に比べると
豆腐屋さんのそれは、昔ながら、油揚げ本来の味がとても強く、しかもでかい!!
親戚《しんせき》に豆腐屋が2軒もいて育つと油揚げにも小うるさいのだ※

※『あたりまえのぜひたく。』六十九話 参照

次はスミイカ
スミイカはとにかく水で洗う洗う洗う――
じゃあああ
スミイカ、コウイカの卸《おろ》し方《かた》は自己流、ざっくり要点だけ
魚屋さんで卸してもらって全然 構いません
スミイカの硬い胴の真ん中に包丁を入れて
胴の先を俎板に押し当て、出てきた甲羅《こうら》を取り外す
指で胴を押さえて、内臓ごと足を引き出す
とにかくスミイカは洗わなければ、なのです
エンペラごと皮を剥《む》いて
表裏《おもてうら》の薄皮《うすかわ》をペーパータオルではがす
今日はしないが揚げ物にする時は入念にしないと

破裂する
きゃあ
フライパンのフタが盾《たて》
目の上5cmくらいで足と肝《きも》を切り離す
漏斗《ろうと》の横に包丁を入れて、開きにする
とんび(口《くち》)の両脇に包丁を入れて
ごじゃあああ
ああ
目玉をくり抜き、よーく水で洗う洗う
とんびの硬い口ばしも取り外します
スミイカは可食部《かしょくぶ》がとても多く
刺身に焼き物、揚げ物、和《あ》え物などなど
えんぺら
とんび
肝に皮
切身は葱と味噌で炒め
皮はさっと湯がいて細切りにて生姜醤油等で。
ぜいたくに使い切ることのできる、すこぶるすぐれモノな食材でありまして
今回はうちの経理が好む、酒の肴《さかな》を3品ほど

うちから神田《かんだ》までは——と
スマホで交通費が簡単に調べられるって便利な時代になったわよね
本日の締《し》め用《よう》に昆布といりこを火にかけておいて
脇《わき》のコンロで鍋に湯を沸かし、ゲソにとんびを入れて再び沸いたところで
ザルに揚げて、（とんびも）
即《そく》氷水へ（とんびも）
ペーパータオルで水気を切って
軟骨《なんこつ》とゲソを食べやすい大きさに切り分けて
醤油でさっと洗い、ザルに揚げておく、本日のお通し用
次はウド、根っこ部分の泥を よく落として

6㎝程の長さに切って
すと
皮を桂剥《かつらむ》きにして（皮は捨てず、キンピラなどに）
短冊《たんざく》に薄く切る
さく
研ぎたての包丁から伝わるウドの感触が堪《たま》らん
さくさくさく
切り口が
ぴかぴかっス!!
すかさず酢水《すみず》に放して、アク抜きと色止《いろど》め
辛子酢味噌《からしすみそ》を用意して（『あたりまえのぜひたく。』六十五話参照）
ついでに長葱も6㎝程に切って
すとん…
半分まで包丁を入れ、芯を抜き（捨てないで味噌汁 他に）
俎板《まないた》に広げて、極々細切りに
これまた堪らん
さくさくさくさく!

次は葱を半分に2本並べて
小口《こぐち》切りに……いいなぁ、包丁が切れるって
とんとんとんとん
切り口もぴかぴか、その上 向こうが透《す》けて見える程の極薄――
白髪葱に小口切り、どちらも
氷水でぎゅっと締めてやると辛味《からみ》はマイルド、歯ごたえもシャキシャキとなる
生山葵《なまわさび》を卸す、チューブや袋入りも常備はしているがやはり生山葵をその都度《つど》、卸すのが一番である
しゅこしゅこ
これだけは譲《ゆず》れない、我が家ではぜいたく以前のあたりまえなのだ
猪口《ちょこ》でフタをして辛味、香りを落ち着かせる
さて、仕上げである
スミイカはやはり刺身であろう

スミイカの胴を
切り分けて、
形の整った
ところを
お造《つく》り用に
内側、表側を
間違えぬよう
頭側
おつくり用
脚側
この出っ張りが
内側の目印
イカを横使いに
5㎜程の間隔で
表側に皮1枚
包丁目を入れる
それで食べやすさ、
噛み切りやすさが
変わってくる
頭側
ひっくり返して
今度は縦使いに
やはり5㎜幅《はば》程で
切り分けて
頭側
ウドと一緒に
盛りつける
えんぺら他、
お造り用以外の
切り落としも
出来る限り
細く切って
シャ シャ シャ
納豆はひきわり、
大葉は細切りに、
それに白髪葱を
一緒に
うちの会計
責任者が
とても好きな
やつである
お通し用、
醤油洗いのゲソ、
軟骨、とんびを
炙《あぶ》る
ぱち
ぱち
おかあさんやー
会計責任者が
とてもとても
好きなやつで
ある

2月某日
きくち家　献立

イカ納豆
〈ひきわり納豆、
スミイカ
えんぺら、
切り落とし、
大葉、白髪葱、
生山葵〉

スミイカ醤油炙り
〈スミイカゲソ、軟骨、
とんび、レモン〉

お造り
〈スミイカ、
ウド辛子酢味噌、
生山葵、大葉、
レモン〉

満悦
満悦
満悦
満悦
満悦
満悦
満悦
満悦
満悦
満悦

きゃあああ
イカーー♡ どれからいただこうかしら お通しのゲソ!? いきなり大好きなやつですーー♡
このコリコリ感
とんびもいっちゃえ
しこしこーー 味が濃《こ》ーー
イカ納豆は菜箸《さいばし》でかき混ぜて
納豆は練って味付けもしてあるから、さっくりで
何これ!? えんぺら!? コリッコリで
イカの切り落としの食感が楽しー♡
白髪葱に大葉、生山葵、薬味《やくみ》だくさんだともうごちそう♡

スミイカのお刺身ですって、お寿司屋さんでいくら——!?
上品な旨味《うまみ》、甘味がイカ好きには堪んないわ——♡
——で、ウドの辛子酢味噌
しゃくしゃく
山の香りがひと足早い春、酢味噌が和食の極致《きょくち》!!
包丁の切れ味のおかげかしら? 舌触《したざわ》りに歯ごたえがツボ♡
舌のリセット完了!! ゲソの炙りに戻りまーす♡
美味しいわァ、髙松《たかまつ》さんにいただいたお酒———♡
お祝いだとさ
なんのですか!?
このマンガ連載10年の

よく続いたわね、お疲れ様でした
あたりまえのぜひたく。
きくち正太
終わったわけじゃないんだけど
どうですか、10年 続けてみて
世間の食べ物の志向《しこう》は激変《げきへん》したよな
家庭料理なんか 特に
幸《さいわ》い、うちのぜいたく観《かん》は変わってないと思うけど
どれっ
とっておいた昆布といりこの出汁に塩、醤油、めんつゆで味付けして
かけつゆを拵《こさ》えます
塩
別鍋にとったかけつゆできつねさんを温《あた》めて
冷凍そばを湯がいて
どんぶりを温めて
あ
駅そばの香り
水気を切った葱の小口切り、それに柚子皮《ゆずかわ》の千切《せんぎ》り

あああ
揚げがおっきい——!!
薬味の葱が見るからにシャキシャキで
それが てんこ盛り
おそば屋さんじゃありえないわよね
うん
それが、うちのぜひたくだし

●『そして、あたりまえのぜひたく。』終●

揚《あ》げが でか!!
第九十四話 ……そして。
出汁《だし》がめっちゃ染《し》みて
美《う》ん味《ま》!!
——で、なんですって“あたりまえ”のアップデート!?
うむ このマンガもなんだかんだで早《は》や10年
世の中、ぜいたくの価値観も千変万化《せんぺんばんか》
“あたりまえ”もバージョンアップをだな
——で、このそばがまた冷凍!? もりそばならともかく
かけやきつねだったら充分スね!!
温《あった》まる——!!
バージョンアップがなんですって!?
ぞろぞろ
食うか、しゃべるか どっちかにしような

10年ですものね、最初の2冊なんて発売元が同じ幻冬舎でも文芸だもの、コミックスじゃなくて
その頃のほうがマンガっぽいけどな、コマ割《わ》り、構図《こうず》にデフォルメとか
高松《たかまつ》も所属が違いましたもんね、当時
ぞろぞろ
めんつゆの作り方もその後、ブランニュー版を描いたけど、変わってくし
干物《ひもの》も今だったらこうじゃないし
描いたとき以来、二度と拵《こさ》えてないのもあるし
拵《こさ》え方《かた》を忘れて自分のマンガ見直すなんてのもあるし
ああすりゃよかった、こうすりゃよかったなんて山《やま》ほど
10年スもんね——
ぞろぞろ
不易流行《ふえきりゅうこう》!?
芭蕉《ばしょう》でしたっけ!?

内田勝《うちだまさる》って知ってるか!?
少年マガジン元編集長、大ヒットマンガ連発した伝説の人っスよね
その内田さんが当時ソニー・マガジンズの顧問《こもん》で
ソニマガって幻冬舎《げんとうしゃ》に移籍《いせき》してきた……
ある日、新宿《しんじゅく》の小料理屋に呼び出されて
マジっスか!!?
オレは昔から骨董《こっとう》マンガやりたくてな
は…はいっ
だが、描けるマンガ家が誰もいなくてよ
は…はひっ
やっと会えた
描ける奴に
20年くらい前、マエスチョロの勲章《くんしょう》
その時、内田さんから賜《たまわ》った言葉が不易と流行
キンチョーしてよく分からんかったが
今にして思えば不易とは不変《ふへん》
手間《てま》を惜《お》しまず握《にぎ》り飯《めし》ひとつでも心を込めて
流行とは時代の流れ、しかしそれは
世相《せそう》に乗って華美《かび》に走ることではなく
今の食い物はそれ一辺倒《いっぺんとう》だが
映《ば》えればいいってもんじゃないわよね

不変を礎《いしずえ》に変化を厭《いと》わず、絶《た》えずブラッシュアップ
それが、うちの不易流行
なるほど!!
でしたら、"あたりまえ"アップデート了解です
単行本も装《よそお》い新《あら》たに
次は巻数《かんすう》つけてね、髙松さん、絶対!!
は!?
えーと!?
どっちが先に出版《で》た本だっけか!?
?
?
自分で描いた本の順番が分かんなくなっちゃって、なんとかしなくちゃなのよ
巻数がついてないでしょ？10年も続くと思ってなかったから
そのためのアップデートかい

●『第九十四話……そして。』終●

新装オープン

予告

日々是《ひびこれ》あたりまえのぜひたく。

まだまだ続く

乞うご期待!!

シリーズ
あたりまえのぜひたく。
―そして、あたりまえのぜひたく。―

きくち正太（きくち・しょうた）
秋田県出身。1988年、週刊少年チャンピオン（秋田書店）にてデビュー。代表作『おせん』『おせん　真っ当を受け継ぎ繋ぐ。』（講談社 / モーニング・イブニング）、『きりきり亭のぶら雲先生』『きりきり亭主人』（幻冬舎コミックス）、『瑠璃と料理の王様と』（講談社）など。食や日本の伝統文化、釣りなどを主題にした作品が多く、ガラスペンを使った独自の絵柄にも熱烈なファンが多い。現在、『おせん - 和な女 -』（幻冬舎コミックス）を連載中。
近年、ギタリストとして音楽活動開始。Acoustic Instrumental Trio「あらかぷ」で都内ライブハウスに出演中。

［初出］
・第八十六話 ~ 第九十四話（『comic ブースト』2023.03 ～ 2024.02）
・第九十四話……そして。（描きおろし）

2024年3月31日　第1刷発行

著　者　きくち正太
発行人　石原正康

発行元　株式会社 幻冬舎コミックス
〒151-0051 東京都渋谷区千駄ヶ谷 4-9-7
電　話　03(5411)6431（編集）
発売元　株式会社 幻冬舎
〒151-0051 東京都渋谷区千駄ヶ谷 4-9-7
電　話　03(5411)6222（営業）

振　替　00120-8-767643

本文製版所　株式会社 二葉企画
印刷・製本所　図書印刷株式会社

検印廃止

ISBN978-4-344-85396-6　C0095　Printed in Japan
幻冬舎コミックスホームページ　https://www.gentosha-comics.net